鳶本真章

ミッション
ドリブン・
マネジメント

「なんのため?」から人を活かす

はじめに

いい会社には
ミッションがある

「いい人材がなかなか採用できない」
「入社してもすぐに辞めてしまう」
「期待して採用した社員が、期待どおりに動いてくれない」
「スキルはあるはずなのに、たいした成果が出ていない社員が多い」
「社員同士の足の引っ張り合いが起きている」
「必死にやっているわりに、事業がうまくいっていない……」

日本中の会社でそんな悩みが聞かれます。
社員側からすると、こんな声になるでしょうか。

「会社がきちんと評価してくれない」
「忙しい毎日だが、成長できているのかよくわからない」
「ムダな作業に時間をとられて成果が出せない」

あなたも心当たりがあるかもしれません。
企業の中で1人1人の社員を見ると、真面目に頑張っているように見えます。サボってばかりいたり、経歴詐称で入ったもののじつは何もできないなんていう人はまずいません。「仕事で成果を出したい」と思っている人が大半です。

それなのに、あちこち問題だらけ。資金繰りや新規事業、他社との業務提携など考えることが山ほどあるのに、どうすればもっとみんなが活躍してくれるのか？　経営者は頭を抱えています。

なぜ、そのようなことになってしまうのか。

もしかすると、ミッションが組織に浸透していないからかもしれません。

ミッションが組織の道しるべになっているか？

組織のミッションとは、その組織が存在する意義、使命のことです。創業者が想いを持って会社をつくり、世の中に何らかの価値を提供しているわけですから、ミッションは必ずあるはずです。ただ、ぼんやりとした想いだけで明確な言葉になっていないことが多いのではないでしょうか。言葉にして伝えていなければ、組織に浸透することもありません。

日本を代表する企業のミッションをいくつか見てみます。

▼服を変え、常識を変え、世界を変えていく

株式会社ファーストリテイリング（グループ企業理念のミッションステートメント）

▼情報革命で人々を幸せに

ソフトバンク株式会社（経営理念）

▼たのしいさわぎをおこしたい

株式会社サニーサイドアップ（サニーサイドアップのＤＮＡ）

▼笑顔のために。期待を超えて。

トヨタ自動車（トヨタグローバルビジョン）

こうしたミッションによって、社員にも顧客にも株主にも、会社の存在意義と使命を伝えているわけです。ミッション（経営理念、ビジョンなどと呼ぶこともある）の重要性はさまざまなところで指摘されており、「いい会社にはミッションがある」というのは1つの言説になっています。

「なるほど、うちの会社もかっこいいミッションを作らなければ」

そう思って、実際に作ったところもあるでしょう。言葉を額に入れて職場に飾っていたり、ホームページに載せていたりする会社は少なくありません。

では、そのミッションが、組織の道しるべになっているかというと、首をひねる人が大半です。

「何のため?」という視点が抜け落ちていれば、現状をなぞる以外しなくなっていく

組織のミッションは、その組織を構成するメンバーがみな同じ方向を向くための光であり、行動を判断する軸です。

1つ1つの行動は何のためにおこなうかというと、ミッション実現のためです。だれをプロジェクトのリーダーにするか、どちらの提案を受け入れるかといったことから、現場レベルでもお客様からのイレギュラーな依頼に対応するか否かといったさまざまな決断が日々おこなわれているでしょう。Aをすべきか否か、AをとるかBをとるか。判断が難しいと思う局面でも、ミッションに立ち返って考えれば正しい選択をすることができます。

組織が大きくなるほど、正しい選択をするのが難しくなるものです。過去の実績、組織内の構造、人間関係、世間的な評価といったさまざまな要素が絡み合い、こちらを立てればあちらが立たずで、決断に悩むことが増えます。そのような中では、「例年どおり」「現状どおり」に行動していれば、とりあえず非難は免れます。「何のため?」という視点が抜け落ちていれば、現状をなぞる以外しなくなっていくのです。そうなると、成長は難しい。よくて現状維持、ふつうは縮小に向かいます。

僕は、以前とある会社で上司に新しい制度のプランを考えるように言われ、はりきって提出したところ、「大変だということがよくわかったから、やらない理由ができた。ありがとう」と言われたこ

とがあります。思わず笑ってしまいました。いったい何のために何日もかけてプランを作ったのでしょうか？

このほかにも、僕はたびたび、

「いまのこの仕事は、何のためにやっているのだろう？」

と思わされました。実際、何のためか質問して、「そう決まっているから」とまるで納得できない答えが返ってきたこともありました。会社の中に閉そく感が漂っているなら、「何のため？」を見失っているのではないでしょうか。

ミッションドリブンな組織とは

ミッションが浸透している会社は違います。「その仕事を何のためにやっているのか」が理解できるし、例年と違うことにチャレンジすることもできます。ミッション実現のためだからです。はるかにシンプルに考えることができるのです。

僕は、ミッションに突き動かされるようにして組織全体が1つの方向に向かっていくことを「ミッションドリブン」と言っています。

これまで多くの企業を見て、支援してきた中で確信を持って言えるのは、ミッションドリブンな会社こそ成功するということです。企業の規模に関係なくミッションドリブンな会社はありますし（今はまだものすごく少ないですが）、それこそ目指したいところです。

ミッションドリブンな会社として大きく成長した例が、トリドールホールディングスです。「丸亀製麺」など20以上の外食ブランドを展開する企業です。コロナ禍で有名チェーン店も打撃を受け次々に閉店していく中、丸亀製麺は躍進を続けました。国内約850店のほか、海外にも相次いで出店。約230店を展開し、グローバルな人気チェーンとなっていったのです。

僕がトリドールに入社したのは2018年。当時の経営企画室長であった小林寛之氏と、組織改革について会話したのがきっかけです。

「2025年度までに店舗合計6000、売上高5000億円を目指す」

このように明確な目標があり、それに向けて組織づくりをしていきたかったのです。

僕は驚きました。2018年当時のトリドールは、店舗数1000、売上高1000億円の東証一部上場企業。それが一気に5000億円というのは常識を超えています。僕はそれまで外資系コンサルティングファームをはじめ複数の会社で仕事をしてきましたが、「ありえない」と言いそうになるくらいの高い目標だったのです。

しかも、創業社長の粟田貴也氏に会ってみると、本気であることがよくわかりました。粟田氏は「企業の成長の軸は人であるべきだ」という想いを持っていました。これは僕が常に考えていることです。これまでの経験から、「どれだけいい戦略を立てても、論理的に正しい構造の体制を作っても、それをやる人や組織が弱ければ実行できない」と強く実感していました。逆に、人が成長できれば、企業は想像を超えて成長することができます。人の可能性は無限大です。どんなに高い目標だって、到達することができるはずです。

トリドールの高い目標に向けて、何をしていけばいいか。僕は「組織戦略マップ」（あとでご紹介します）を作成し、提案しました。ポイントは、次のことです。

- ●ミッションをあらためて定義する
- ●ミッションを起点に経営戦略、事業戦略を作る
- ●それに伴って組織構造、採用、育成、人事制度を変える

提案すると、「じゃあ、あとは実行するだけだね」と即決。大企業ながらベンチャー気質のトリドールは意思決定が速く、どんどん進んでいきます。2019年には執行役員CHRO（最高人事責任者）兼経営戦略本部長に就任し、2021年までグループ全体の組織改革、人事制度づくりをやってきました。

そんな中、トリドール社員としておこなってきたさまざまな取り組みが注目され、講演に呼んでいただいたり、NewsPicksやForbesといった経済系メディアに露出することが多くなり

ました。ですから、本書をお読みの方の中には、トリドールの話を期待する方もいらっしゃるかもしれません。もちろんトリドールの話も、今までご縁をいただいたさまざまな企業の中の一例としてお話します。

「組織戦略マップ」から見るミッションドリブンな仕組みづくりの全体像

「あらためてミッションを定義しよう。ミッションから、人を活かす仕組みを作ろう」

それが、本書でお伝えしたいことです。

これがひとつながりになっているのが大事です。ミッションを作るだけではダメだし、いきなり人事制度を作ろうとしてもうまくいきません。

企業の存在意義や目指しているところを言語化するのは、とても意味のあることです。しかし、ミッションを定義しただけで自然にいい方向へ変わることはありません。

個人の目標でも同じです。1年後に難関の資格試験に合格するという目標を立てたなら、

「休日に資格学校に通う」

「起床時間を2時間早くして勉強にあてる」

など目標に向けた行動ができる仕組みを整えなければ、絵に描いた餅に終わります。

目指すものが変わるなら、行動を変える必要があります。行動を変える必要があるなら、仕組みも変えなければならないのです。ミッションにひもづいて、人を活かす仕組みが機能してこそ「ミッションドリブン」です。

ここで企業における「ミッションドリブンな仕組みづくり」の全体像をイメージするために「組織戦略マップ」をお見せしておきましょう。

横軸は時間軸、縦軸に並んでいるのは戦略です。「MVV」というのは、ミッション、ビジョン、バリューの頭文字をとったものです。

「目標」「経営戦略」「MVV」が1つのまとまりになっており、この例では「〇年に売上〇億円」という目標を最初に掲げています。

次の階層が「事業戦略」。1つ上の階層の「経営戦略」が全社的な戦略であるのに対し、事業ごとの戦略です。

そして、このマップの中心となっているのが「組織・人材戦略」。経営戦略、事業戦略を実行するために必要な組織をどう作っていくかを、「組織・人物像」「組織構造」「採用」「育成」「制度」に分けて記入していきます。

このように、ミッションを実現するための組織戦略を、時間軸に沿ってマッピングしたのが「組織戦略マップ」なのです。

図1
組織戦略マップ

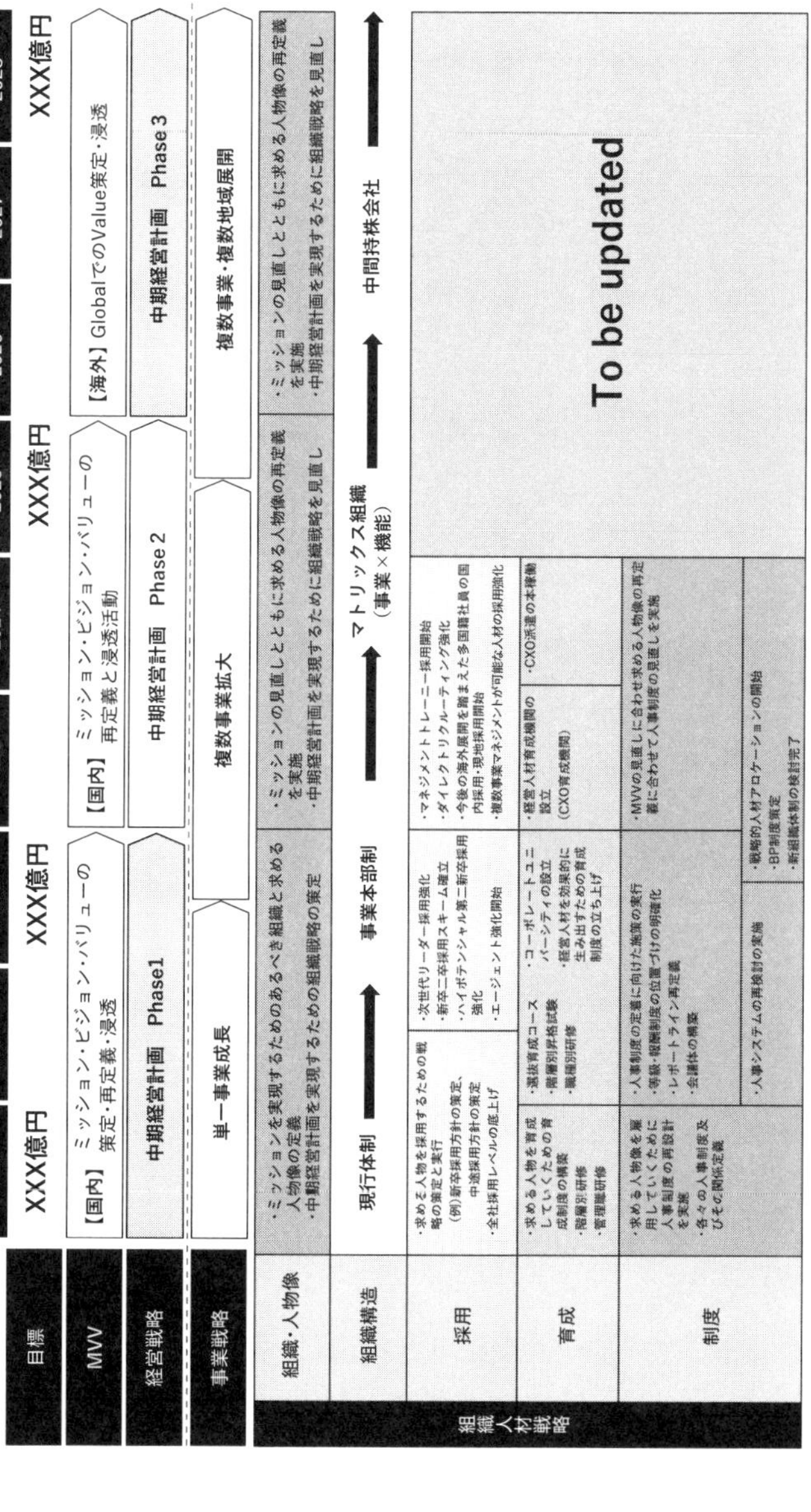
2020
2021
2022
2023
2024
2025
2026
2027
2028
目標
XXX億円
XXX億円
XXX億円
XXX億円
MVV
【国内】ミッション・ビジョン・バリューの策定・再定義・浸透
【国内】ミッション・ビジョン・バリューの再定義と浸透活動
【海外】GlobalでのValue策定・浸透
経営戦略
中期経営計画 Phase1
中期経営計画 Phase 2
中期経営計画 Phase 3
事業戦略
単一事業成長
複数事業拡大
複数事業・複数地域展開
組織人材戦略
組織・人物像
・ミッションを実現するためのあるべき組織と求める人物像の定義
・中期経営計画を実現するための組織戦略の策定
・ミッションの見直しとともに求める人物像の再定義を実施
・中期経営計画を実現するために組織戦略を見直し
・ミッションの見直しとともに求める人物像の再定義を実施
・中期経営計画を実現するために組織戦略を見直し
組織構造
現行体制
事業本部制
マトリックス組織
（事業×機能）
中間持株会社
採用
・求める人物を採用するための戦略の策定と実行
（例）新卒採用方針の策定、中途採用方針の策定
・全社採用レベルの底上げ
・次世代リーダー採用強化
・新卒二卒採用スキーム確立
・ハイポテンシャル第二新卒採用強化
・エージェント強化開始
・マネジメントトレーニー採用開始
・ダイレクトリクルーティング強化
・今後の海外展開を踏まえた多国籍社員の国内採用・現地採用開始
・複数事業マネジメントが可能な人材の採用強化
育成
・求める人物を育成していくための育成制度の構築
・階層別研修
・管理職研修
・選抜育成コース
・階層別昇格試験
・職種別研修
・コーポレートユニバーシティの設立
・経営人材を効果的に生み出すための育成制度の立ち上げ
・経営人材育成機関の設立
（CXO育成機関）
・CXO派遣の本稼働
制度
・求める人物像を雇用していくために人事制度の再設計を実施
・各々の人事制度及びその関係定義
・人事制度の定着に向けた施策の実行
・等級・報酬制度の位置づけの明確化
・レポートライン再定義
・会議体の構築
・MVVの見直しに合わせ求める人物像の再定義に合わせて人事制度の見直しを実施
・人事システムの再検討の実施
・戦略的人材アロケーションの開始
・BP制度策定
・新組織体制の検討完了
To be updated

ここに挙げた「組織戦略マップ」はあくまで1つの例で、ベースとして考えていただければと思います。あらゆる企業で使えるように汎用性を高くしていますが、実際にはもっと具体的な項目を各枠の中に記入することになります。

僕は「20××年に年商何億円の企業になる」といった目標と現状にもとづいて、まずこのマップを作成しています。もちろん、最初からすべて具体化しているわけではありません。いったんこの枠と、現段階でのポイントだけ記入しておきます。

たとえば、50億円の事業を持った子会社を複数作っていく戦略があったとき、子会社の社長となる人材が必要になります。それに向けて、次世代リーダーと言われるような人材の採用を強化したり、ハイポテンシャルな第二新卒の採用を狙ったりという課題が見えてきます。経営層になるための「選抜育成コース」も必要になるでしょう。こういった項目を入れてディスカッションを重ね、アップデートしていく感じです。

まとめると、まずはミッション。ミッションに伴って、経営戦略、事業戦略が決まるはずです。それを実現する組織はどうなっている必要があるのか。組織構造が変わります。

そして、組織を構成するのは人です。ミッション実現のために必要な人材が定義されるのと同時に、採用、育成、人事制度を変えていく必要があります。

本書では、ミッションから人を活かす仕組みについてひも解いていきます。かんたんに本書の構成を示しておきましょう。

第1章は、ミッションの必要性について。ミッション不在の問題点とともに、なぜ明文化するべきなのかをお話しします。

第2章は、ミッションの定義と、作り方・浸透のさせ方。

第3章は、現状のさまざまな方針や目標がミッションにひもづいているかを見直す話。

第4章から6章までは、採用から評価まで、人を活かす仕組みをどう変えていくのか。人事、採用、評価、組織に関する具体的な悩みと、ミッションを起点とした解決法をお話しします。

第7章では、ミッションドリブンな会社の人事部門のあり方についてお伝えします。

それでは、人が成長し企業が成長する「ミッションドリブンな会社」にするための具体的な考え方を見ていくことにしましょう。

ミミッションドリブン・マネジメント―目次―

第2章 ミッションをつくる

第3章 ミッションを実現する手段を変える

第4章 採用を変える

第5章 組織を変える

第6章 評価を変える

第7章 人事を変える、経営を変える

おわりに

なんのために働くのか？

第 1 章

問題は
ミッション不在から
生まれる

ミッションより現状の課題解決に意識が向きがちな経営者

さっそく「ミッションを作りましょう」と言いたいところですが、その前に考えておきたいことがあります。

そもそも、ミッションとは何なのか？

本当に必要なのか？

僕は経営者のミッションづくり（再定義）をお手伝いすることも多いですが、いきなりミッションを作り始めることはしません。まずその必要性をわかってもらうことが先です。というのも、経営者は常に会社のことを考えているので、あらためて定義して現場に落としていく必要性をあまり感じていないことが多いのです。

たとえば、玩具メーカーの経営者Aさんはこう言います。

「日本中の子どもたちを笑顔にするというミッションは社員に伝えているし、そういう気持ちでやっていると思うよ。でも、競合が多い中、独自性のある企画がなかなか出てこなくてね。いい人を採用できるなら、もっとそこに費用を割いてもいいと思うんだが。それとも、もっと斬新なアイデアが出せるような場を作るべきか」

ミッションはすでにあるんだし、それより現状の課題を解決したいと思ってしまうのです。

しかし、さまざまな問題が「ミッション不在」から生まれています。いまの例で言えば、独自性のある企画が出てこないのも、いい人を採用できないのも、ミッション不在だからです。社長の思っているミッションは、現場にきちんと届いていません。そのままの状態でいくら採用に費用をつぎこんでも、事態は変わらないでしょう。

ミッションを現場に浸透させていくには、仕組みも必要ですが、経営者の覚悟も必要です。本気で信じ抜く気概がなければ、浸透させられません。ですから、最初にミッションの必要性について、経営者が心から納得していることが重要なのです。

ミッションの検討をすっとばしてしまう原因は「現場は気持ちをわかってくれているし、自分は現場のことをよくわかっている」という勘違いもあるようです。そう思いたい気持ちはわかるのですが……、十中八九、勘違いです。経営者が考えている課題と、現場で考えている課題にズレがあることは日常茶飯事です。現場をよく視察している経営者であっても、「そのときだけよく見せている」ことに気づいていません。

多くの会社で力が分散している

それでは、なぜそれほどミッションが重要なのでしょうか。

そもそも、会社にとってミッションの明文化が重要なのは、自分1人でやっているのではないからです。会社といっても、1人会社なら必要ありません。自分がやっていること=会社がやっていることであり、ブレは出ません(自分が目指しているものを忘れてしまうことはあるかもしれませんが)。

ただ、1人の力には限界があります。数字を使って考えてみましょう。

10の力を持った人が、100%力を出すことができれば、10のアウトプットになります。でも、当然ながら1人だと限界があります。めちゃくちゃ頑張って120%の力を出しても、12にしかならないわけです。

だから人が集まって、1人ではできない大きなことをやろうとします。10の力を持った人が10人集まれば、100のことができるのです。いえ、単純な足し算にはならず、かけ算も含まれるかもしれません。1000にも10000にもなる可能性だってあります。大きな夢を描くことができるのです。

ところが、多くの会社でこれと逆のことが起きています。10の力を持った人が北へ進み、もう1人の10の力を持った人が東へ進み、合わせて20になるはずが、14にしかならない。それどころか、逆方向に進んでいる人がいて、0になってしまった……。そんな足の引っ張り合いが起きています。

部署間でもそうです。企画部門と営業部門で足を引っ張りあった結果、それぞれの力が相殺されてしまう。せっかく能力を持つ人が集まったのに、なんとももったいない結果です。

もちろん、みんなだれかの足を引っ張りたいとは思っていないでしょう。そのような自覚もないと思います。ただ、それぞれの力が発揮しきれない不全感のようなものを抱えるのです。

「自分はこんなに頑張っているのに、評価されない」

「何のためにやっているのかわからない」

そんな不満も出ます。

なぜ、力が分散しているのか。それは、ミッションという1つのベクトルに向かっていないからです。方向性が同じでなければ、あちこちで力が相殺され、総量が少なくなるのは当然です。

実際、僕が新入社員として入社した会社は日本を代表する大企業の1つですが、「この仕事って意味あるのかな」と疑問に思うことが多くありました。僕は自分の力を100％発揮して会社に貢献したいと思っているのに、上の人たちはどうもそうではないようです。上司によって、あるいは部署によって言うことが違い、「結局、どうすればいいの？」と混乱しました。

「これは何のためですか？」

「採用時に言われたことと違うんですけど」

などと、僕は思ったことをついストレートに言ってしまうので、煙たがられるというおまけつきです。だいたい、「オレが新入社員の頃はもっとこうだった、ああだった」と説教されました。

これは、方向性がそろっていないのだ、と感じました。

その会社にミッションがなかったのか？

いいえ、かっこいいミッションがありました。ただ、具体的な行動の指針にまで落ちていなかった。だから、能力のある人が集まっているのに、力が分散していました。

これは、ほとんどの会社に多かれ少なかれ共通している問題だと思います。素晴らしい経営者がいて、優秀な社員がいて、1人1人の能力は素晴らしいのに、もったいないことが起きている。力が分散してしまい、会社としては成長しない。

逆に言うと、今いる社員たちが会社のミッションという同じ方向に向くことができさえすれば、すごいパワーで進んでいくことができるはずです。

成長したいのに成長できない理由

「個人が持つ10の力を、100％発揮できるかどうか？」という観点もあります。10の力を持っていても、「8でいいや」「5くらいで十分だ」と思ったら、アウトプットが少なくなるのはもちろん、その人自身が成長できません。

じつは、多くの人が会社を辞めたいと思う大きな理由は「成長できないから」です。人間だれしも「成長したい欲求」を持っているものです。高い目標に向けて頑張ることで、100%以上の力を発揮し、成長した実感を持てます。これは、会社にとっても個人にとっても幸せです。目指したいのは、「個人個人が成長した結果、会社として大きく成長できる」ことでしょう。

ところが、「何のためにやっているのかわからない」「何に向けて頑張ればいいのかわからない」状態では、成長しようがありません。「言われたとおりにやればいいか」と、力をセーブしながらやり過ごすようになります。そして、あるとき「このままでは成長できない」と気づいて、会社を辞めていきます。ミッションがなければ、100%以上の力を発揮して仕事をすることができず、成長することができないのです。

同じ仕事に就いていてもミッションがあるかどうかでその後が全然違うというのは、イソップ寓話「3人のレンガ職人」でも有名です。

舞台は中世のヨーロッパ。ある旅人がいかにもしんどそうにレンガを積んでいる3人の職人に出会います。旅人が1人目のレンガ職人に「何をしているのですか?」と質問すると、面倒くさそうにこう答えました。

「見ればわかるだろ。レンガを積んでいるのさ。親方の命令だからな」

2人目に出会ったレンガ職人は辛そうではありませんでした。同じように質問すると、こう答えました。

「レンガを積んで壁を作っているのさ。大変だけど、賃金がいいからやっているんだ」

3人目は楽しそうにレンガを積んでいました。同じように質問すると、こう答えました。

「私たちは歴史に残る大聖堂を作っています。完成まで100年かかりますが、ここで多くの人が祝福を受け、悲しみを払うことができるのです。そんな仕事に誇りを持っています」

言うまでもなく、3人目の職人はミッションに共感し、イキイキと力を発揮して仕事をしているのです。

ここまではよく「目的意識の大切さ」として引き合いに出されるのですが、じつはこの話にはさらに続きがあります。10年後、この3人のレンガ職人はどうなったか。旅人は再び彼らの様子を見に行ったのです。

1人目は、相変わらず不満を言いながらレンガを積んでいました。

2人目は、賃金が高いけれど危険な屋根の上での仕事をしていました。

3人目は、現場監督として多くの人員をまとめ、完成した大聖堂に名前が彫られました。

つまり、3人目がもっとも成長していたわけです。

「だから3人目のような人になりましょう」と言いたいわけではありません。ここで僕が思うのは、「彼らを採用した大聖堂建設の会社があるとしたら、その会社はミッションドリブンではない」ということです。1人目は「いつまでもここにいても成長できない」と言って辞めていくだろうし、2人目は給料が高い職場へ転職していきます。もちろん、3人目は理想的です。自らミッションに向かえる逸材だったようです。力を発揮しながら幸せに仕事をし、成長することができていました。そのような人材ばかりであれば、企業は成長しないはずがありません。しかし、おそらくこの大聖堂建設会社には珍しいタイプだったので、完成した大聖堂に名前が彫られたのでしょう。

「1人目、2人目がダメ」ということではありません。企業は、社員全員が3人目のように仕事ができるよう、努力しなければならないのです。

もっと夢を語っていい

トリドールの創業社長である粟田貴也氏が、「グローバルカンパニーになる」というビジョンを持ち、

「売上高1000億円から5000億円を目指す」という目標を掲げていた話はすでにしました。僕はこの話を聞いたとき、ワクワクしました。

「これはきっと面白いことになる」

そう思って入社を決めました。

生活に必須である「衣食住」のうち、「食」の分野についてはまだ日本に「この会社で働きたい！」とあこがれるような会社が少ないと思っていたのも理由の1つです。食は絶対に必要なものだし、お祝い事のあるときや会食などをはじめ、だれもが外食産業のお世話になります。ところが、利用者として「ここのレストランに行く」というと「いいね！」という反応が普通であるのに対し、働き手として「ここのレストランに行く」というと「大変そうだね」という反応が普通。「すごい！　いいね！」とはなかなか言われない業界です。

また、世界にはマクドナルドやスターバックスのように、名だたる「食」の会社があります。日本には素晴らしい食文化がありますが、外食産業としてはまだまだな部分が多いのです。そこにトリドールはチャレンジしていくといいます。「ここで働きたい！」と思ってもらえるようなグローバルカンパニー――その大きな目標にワクワクしたわけです。

僕たちには、「これを成し遂げたらすごい」と思うような、大きなミッションの当事者になりたい気持ちがあるのではないでしょうか。現実的な事業プランも大切ですが、その前にもっともっと夢を語っていいのだと思います。

しかし、さまざまな経営者にお会いする中でも、大きな夢を語ってくれる人はなかなかいません。トップの人があまり夢を語らないと、下の立場の人たちも夢を持たなくなります。僕は採用面接に同席することが多いのですが、採用担当者が「最近の子は全然夢を語らないし、これをやりたいというのがなくて困る」とこぼしていました。「そういうあなたは何をやりたいのですか？」と聞くと「いや、別にないけど」。笑い話のようですが、本当です。

夢のない人たちと一緒に働きながら、「夢を持て」と言われても、難しいのではないでしょうか。

「早くマネージャーになりたい」
「年収1000万円になりたい」

そんな夢（？）は出てくるかもしれませんが、結局、現状の積み上げでしかものを考えられなくなります。会社なら「昨年度売上高の110％成長」といった目標もそういうことでしょう。すると、新しいチャレンジをするよりも、失敗しないこと、現状維持が重視されるようになります。閉そく感が漂うことになるのです。

逆に、「こんな未来を作るのだ」と考えるとワクワクします。「3人のレンガ職人」の話ではないですが、辛そうに仕事をしている人と、ワクワク仕事をしている人とでは、どちらのもとで働きたいか。答えは決まっていますよね。

ユニクロが成功した理由

ユニクロやGUなどを展開するファーストリテイリングは、いまや世界一のアパレル企業です。2021年2月16日には、上場以来はじめて株価が10万円台に。時価総額は10兆8725億円となり、ZARAを展開するスペインのインディテックスを超えました。これまで「世界一のアパレル企業」を目指していたファーストリテイリングは、まさにその目標を達成したわけです。

社長の柳井正さんは、山口の実家が営んでいた紳士服店を受け継いだ、「地元の小さな服屋さん」でした。それが世界一のアパレルショップになるなんて、だれが想像したでしょうか。以前は、柳井さんも「現実から考えたら、一生かけて年商30億円、30店ほどの会社になればいいかな」と思っていたそうです。

多くの人と同じように、柳井さんも最初は「真面目に努力をすればある程度成功する」という考えでした。しかし、あるとき気づいたといいます。「結局、人生をかけて何をしたいのかがわからない限り、うまくいかないのだ」と。

そして、何を実現する会社なのかを定義し、言い続けてきたのです。出てきたのは「ライフウェア」というコンセプト。服に個性を持たせるのではなく、それぞれに個性のある人がライフスタイルをつくる道具としての服です。これまでのファッションの常識とは異なる「究極の日常着」を追求しました。売上高80億円の時代に、「将来は世界一のアパレルSPAになる」という目標を掲げました。「目標は高くないとダメだ」と柳井さんはおっしゃっています。誇大妄想だと言われようが、いいのです。実際にファーストリテイリングは、高い志を掲げて「仕事を通じていい世の中にしたい」と思う人を集めてきました。そして、ありたい姿を明確に思い描いているからこそ、時機を逃さず投資をすることも、失敗したら撤退することも恐れずにやってきたのでしょう。

現在のファーストリテイリンググループの企業理念の最初に出ているステートメントは「服を変え、常識を変え、世界を変えていく」。ミッションは次の文章です。

ファーストリテイリンググループは―

●本当に良い服、今までにない新しい価値を持つ服を創造し、世界中のあらゆる人々に、良い服を着る喜び、幸せ、満足を提供します

●独自の企業活動を通じて人々の暮らしの充実に貢献し、社会との調和ある発展を目指します

ですから「世界一のアパレル企業」は、単に利益や規模を追求した結果ではありません。「服を変え、常識を変え、世界を変えていく」というミッションを軸に判断し、戦略を実行し続けた結果、達成できたものなのです。

「○人採用」が目標という問題

人材は最も重要な経営資源と言えます。いい人材の採用は、どの企業にとっても課題でしょう。僕は、採用について相談されることが多くあります。

「来年度、新卒を200人採用したいんです」

採用人数が目標として決まっており、そのためにどうしたらいいかという相談です。理由を聞くと「今年度200人採用だったので」。過去の実績ベースで目標を決めています。「今年の採用人数は120だったが、辞めた人が多いので来年度は200人必要」というような場合もあります。過去の実績＋現状のポジションで空いているところを埋めるという考え方で採用人数を決めているのです。このパターンがほとんどです。

そのうえで、よさそうな人トップ200を採用したい。できるだけよさそうな人に来てもらうにはどうしたらいいか。200人採用したいのに、100人しか面接に来てくれなかったら困ります。「1000人の中からトップ200を選びたいが、どうすればいいか」というような相談であるわけです。

もちろん、たくさんの人が「働きたい！」と言ってくれればそれに越したことはありません。いい人材を選びやすくなるのは事実です。しかし、その前に「どういう人材が欲しいのか」が明確でなければいけません。

一般的に言って「いい人材」が、その会社にとって「いい人材」かどうかはわかりません。本来、会社のミッションに共感していることが最重要なはずです。ミッションのためにモチベーション高く行動することができる人材こそ、その会社が欲しい人材です。

しかし、明確な人材像がないまま採用活動をすると、どうなるか。目標の200人を採用できたとしても、辞める人が多くなります。

とにかく200人採用できれば、1年後に50人しか残っていなくてもかまわないのでしょうか？そんなはずはありません。200人採用して150人辞めるなら、最初から「辞めない50人」を採ったほうがいいでしょう。採用・教育にはコストがかかりますし、引き継ぎ時のトラブルなどのコストも発生する場合があります。「やはりこの会社は合わないから辞めたい」というのは、無視できない損失を生んでいるのです。会社にとっても、本人にとってもです。「こんなはずじゃなかった」と思いながら仕事をする時間が長引けば、本人のキャリアや人生によくない影響があるでしょう。

ですから、採用人数のみを目標とするのはまちがっていると言えます。

「新卒で○人、第二新卒で○人」と目標が決まっているケースもありますが、これも正当な理由がないことが多いです。日本では新卒を特別扱いしており、新卒でないと入社できない会社も多く存在します。会社のミッションを実現するため、長期間かけて社員を育成していく必要があって新卒にこだわるというのならわかりますが、ほとんどの場合は「慣例」でしかありません。

採用してもすぐ辞めるという問題

「最近の若者はすぐ辞める」

やるせない表情でそう語る経営者や人事担当者は多くいます。とくに2000年代以降、「すぐに辞める新入社員」が話題になり、問題視されるようになりました。

厚生労働省の調査[※1]によれば、3年以内に離職した新規学卒者は、高卒で約4割、大卒で約3割（令和2年度）。産業別では「宿泊業・飲食サービス業」の3年以内離職率が最も高く、高卒で約6割、大卒で約5割です。データだけ見れば、飲食サービス業で新入社員を100人採用したら、3年後には半数以上辞めているのが普通ということです。

なぜ、そんなに多くの人が辞めてしまうのでしょうか。

「最近の若者は」と言いますが、辞めた本人にばかり責任があるわけではないでしょう。

内閣府がおこなった調査[※2]では、若者（16〜29歳）がはじめて就職したあとに辞めた理由は「仕事が自分に合わなかったため」が最も多く、約4割（複数回答可の結果）となっていました。

現代は終身雇用の時代ではなく、「合わないなら辞めていい」がスタンダードになりつつあります。昔は、合わないと思っても会社を辞めるハードルは高かったはずです。長く勤めるほど賃金や役職が上がって優遇される設計になっており、転職市場も小さかったからです。右肩上がりに経済が成長しているときは、そもそも「仕事が自分に合う・合わない」に意識が向きにくいこともあったでしょう。

そう考えると、現代の新入社員が「仕事が合わないから」といって辞めていくのは当たり前です。合わない仕事に向き合って長くい続けるメリットがありません。ですから、「最近の若者は我慢が足りないのだ」といった考えはまちがっています。

離職率を下げたいのであれば、「会社に合う人を採用する」こと。これに尽きます。「そんなことはわかっている」と言われそうですが、実際、できていないから辞めていくのです。

辞めるのは、入社前と話が違うから

僕が実感しているのは、「入社前と入社後で話が違うから辞める」ということです。Aさんの実例

※1　厚生労働省資料「新規学卒就職者の離職状況を公表します」
https://www.mhlw.go.jp/stf/houdou/0000177553_00004.htm
※2　内閣府資料「特集　就労等に関する若者の意識」
https://www8.cAo.go.jp/youth/whitepAper/h30honpen/s0_0.html

をお話ししましょう。

とある大企業から新卒採用の内定をもらったあと、まだ入社を迷っていたAさんは、採用担当者にこう言われました。

「いま会社では、こういう商品企画を考えており、若手チームの力が必要です。Aさんにはぜひこのチームに入って、引っ張っていってほしいと思っています。もちろん、Aさんがちゃんと力を発揮できるように、私がサポートしますよ」

Aさんは「そうか、そんなに期待してくれているのか」と感激し、入社を決めました。自分の力を発揮でき、それを喜んでもらえるなら、こんなにうれしいことはありません。しかも、名だたる有名企業。断る理由はないでしょう。

そこで入社したAさんは、なんと2年で辞めてしまいました。話が違ったからです。サポートすると言ってくれていた担当者は、Aさんが入社してすぐに、別の部門へ異動しました。そして、Aさんは思い描いていた商品企画に携わることはなく、別の仕事が割り当てられました。最初は「まあ、新入社員はいろいろ経験すべきということかな」とも思いましたが、次第に「自分に期待しているというのはウソだったのか」という気持ちが強くなりました。あの採用担当者は、Aさんを口説いていたとき、すでに他部署への異動が決まっていたという噂です。

「つまり、入社さえすれば、あとはどうでもいいと思っていたのか……」

Aさんは器用なので、思っていたものと違う仕事であってもすぐに慣れたし、評価はされていました。でも、話が違ったことに対する不信感がぬぐえません。結局、2年で退職したのです。

こんな話は枚挙に暇がありません。

「グローバルな会社」「語学力が活かせる」と打ち出しているのに、入ってみたら全然グローバルじゃなかった。海外に行くチャンスなどめったになかった。

「テクノロジーの会社」と言っていたのに、入ってみたら飛び込み営業ばかりだった。

……そりゃあ辞めるでしょう。辞めないほうが不思議なくらいです。

ところが、現実にこういった「入社前と話が違う」ことは少なくないのです。なぜでしょうか？

ミッションが明確でないからです。

ミッションに基づき採用すべき人物像が決まっていれば、このような問題は起こりません。ミッションを実現に向けて「商品企画チームの若手リーダーを育成する」という目標があって採用しているのに、それが消えるのはおかしな話です。Aさんを採用するときそのような話が本当にあったのかわかりませんが、口八丁で採用人数の目標だけ達成したと思われても仕方ありません。

採用したほうは、「状況が変わった」と言うかもしれません。たしかに、採用時と現在で状況が変わる場合はあります。新型コロナウイルスの感染拡大のように想定外の出来事があれば、それに対応せざるをえません。

しかし、ミッション自体は変わらないはずです。ミッションに共感して入社したのなら、状況が変わっても納得できるのです。「入社前の話とは違うけれど、ミッションを実現するためにこの役割を担おう」という気持ちにもなるでしょう。

事業モデルは究極の差別化にならない

僕は、究極の差別化は「人」によって起きるものだと思っています。組織を構成する人がどんな人かによって、差別化されるということです。よく言われるように、企業の競争戦略の根本にあるのは「差別化」です。モノやサービスがあふれる中で顧客に選んでもらうには、ほかとは違う際立った特徴が必要なのです。

一般的に、差別化の要素となるのは「事業モデル（ビジネスモデル）」でしょう。ユニークな事業モデルであれば、それが差別化になり、競争優位になれると考えられます。たとえば、丸亀製麺の事業モデルをかんたんに言うと、「店内製麺」です。各店舗に製麺機を置き、ゆでたてのうどんを食べてもらえるようにしたのです。丸亀製麺がうどん業界ナンバーワンになれたのは、この事業モデルがユニークだったからだと考える人が多くいますし、大きな要因の1つではあります。

ただ、事業モデル自体はいくらでもマネすることができます。だれかが100億円を調達してきて、讃岐にあるうどん店を買収し、似たモデルで全国に広げていくことはありえます。特許の問題はあるにせよ、事業モデル自体はいずれ模倣され、差別化できなくなっていく運命にあるのです。

しかし、人をマネすることはできません。同じ事業モデルであっても、それを実行する人が違えば、違うものになるはずなのです。

丸亀製麺が店内製麺にこだわったのは、お客様にできたてのうどんを食べて喜んでもらいたいからです。トリドールのミッションに基づいた事業戦略です。そして、ミッションに共感した人たちが、それを実行しています。だから、差別化になるのです。ミッションに共感した人たちの組織をつくることができれば、事業モデルの模倣も脅威になりません。

第2章

ミッションをつくる

ミッション、ビジョン、バリューの3つをセットで考える

いよいよミッション、ビジョン、バリューの作成に入っていきますが、まず言葉の定義を確認しておきましょう。ミッションと似た言葉として「ビジョン」や「経営理念」「パーパス」、「行動指針」が使われることもありますが、本書では「ミッション、ビジョン、バリュー」の3つをセットとして考えていきます。

- **ミッション** → 世の中に対して果たしていく使命、目的、存在意義
- **ビジョン** → ミッション実現のために目指すべき将来像
- **バリュー** → ミッション、ビジョンを体現するための価値観、行動規範

ミッションが最も川上にあり、ミッションが変わればビジョンもバリューも変わるというイメージですが、会社によってはビジョンを一番に考えることもあります。「こうなりたい」という将来像のほうが明確で、そこからミッションを言語化するのです。ミッション&ビジョンを同時に考えて、それに基づきバリューを定義するというイメージでもいいでしょう。それぞれ明文化し、社内に浸透させていくことが大切です。

定義だけではわかりにくい部分もあるので、例の1つとして、僕が関わった当時のトリドールグループのミッション、ビジョン、バリューを挙げます（現在はさらに進化しています）。

▼ミッション

Finding New Value. Simply For Your Pleasure.

▼ビジョン

日本発のグローバルフードカンパニーになる。外食業界唯一無二の人材開発企業への進化

▼バリュー

①Customer Oriented

お客様起点で考え行動し、すべてにおいて質にこだわる

②Take Risk for Growth

常に成長を求め、リスクをとり成長し続ける

③Take Ownership

自らが責任者のように行動し、結果に責任を持つ

④Diversity and Respect

他者を尊重し、違いを受け入れる

⑤Flexibility for Success

物事を柔軟にとらえ行動する

どこかで見たようなミッションに意味はない

まずはミッションをつくります。ミッションとは、世の中に対して果たしていく使命、目的、存在意義のことでした。「これこそが使命なのだ」と腹の底から思えることがミッションには重要です。ふつふつと湧き上がってくるような言葉、心からコミットできる言葉である必要があります。どこかで見たようなミッションには意味がありません。

会社のミッションをつくることができるのは、基本的にはその会社の経営者です。創業社長なら、何かしらの想いを持って会社を創業したはずです。後継者としてだったり、オーナーから経営を任された場合であっても、経営者になるにあたって「こういう会社にしたい」という想いがあったに違いありません。または、現在の世界と会社の状況によって

「そろそろ次のステージを目指したい」
「これまではこれを目指していたが、新たな場所を目指したい」

というものがあるかもしれません。それがミッションのタネです。

その会社がどこを目指していくのかを、あらためてミッションとして明文化します。たとえば、次のような質問が考えの助けになるでしょう。

- なぜ、この会社が存在するのか？
- 業界の中でどういうポジションになりたいのか？
- どのような世界を目指しているのか？
- 我々が社会の中で果たすべき役割は何なのか？
- 我々が大事にしていることは何か？
- 社内で変えたいところ、絶対に変えたくないところは何か？

会社のミッションは、経営者が1人で考えてつくることができるならそれでかまいません。ただ、多くの場合、1人で完成させるのは難しい。夢は持ちつつも、日々の経営の中ではどうしても現実に引っ張られるからです。

また、1人で考えていると、視野が狭くなってしまいがちです。ミッションは、ミッションのみで成立するのではなく、それにひもづいて採用から教育、評価、組織づくりまで変えていく必要があります。ミッションをつくることに始まり、組織づくりまで一連で考えていくとすると、やはり複数の視点があったほうがやりやすいと思います。

ここで再度、「組織戦略マップ」を見てみてください。これからつくろうとしているミッションは、このマップのおおもとになるものです。ミッションからすべての戦略が決まっていきます。

なお、戦略とは「目的＝ミッション」実現のためにおこなう方策全般のことです。どうやって目標を達成するか、ミッションを実現するか。当然ながら、ミッションとすべての戦略に一貫性が必要です。

ミッションづくりは、経営陣でのディスカッションから始まることが多いです。その際、社内でファシリテーターを立ててもいいですし、僕がやらせていただくことがあるように社外の人間に入ってもらうのもいいと思います。まずは徹底的に議論して、これだと思う方向性を言葉にまとめていきます。

正直に言って、かんたんではありません。1回のディスカッションでミッションが完成することはまずありません。かんたんにできたとしたら、それはよほど経営者が日ごろからミッションを意識しているか、「それっぽいもの」を作るにとどまっているかです。

じつは、僕のところへはよく「うちのミッションを考えてください」という依頼があります。すみません、無理です。ファシリテートはできますが、会社の使命や方向性をどうしたいかは経営者しか

図1
組織戦略マップ

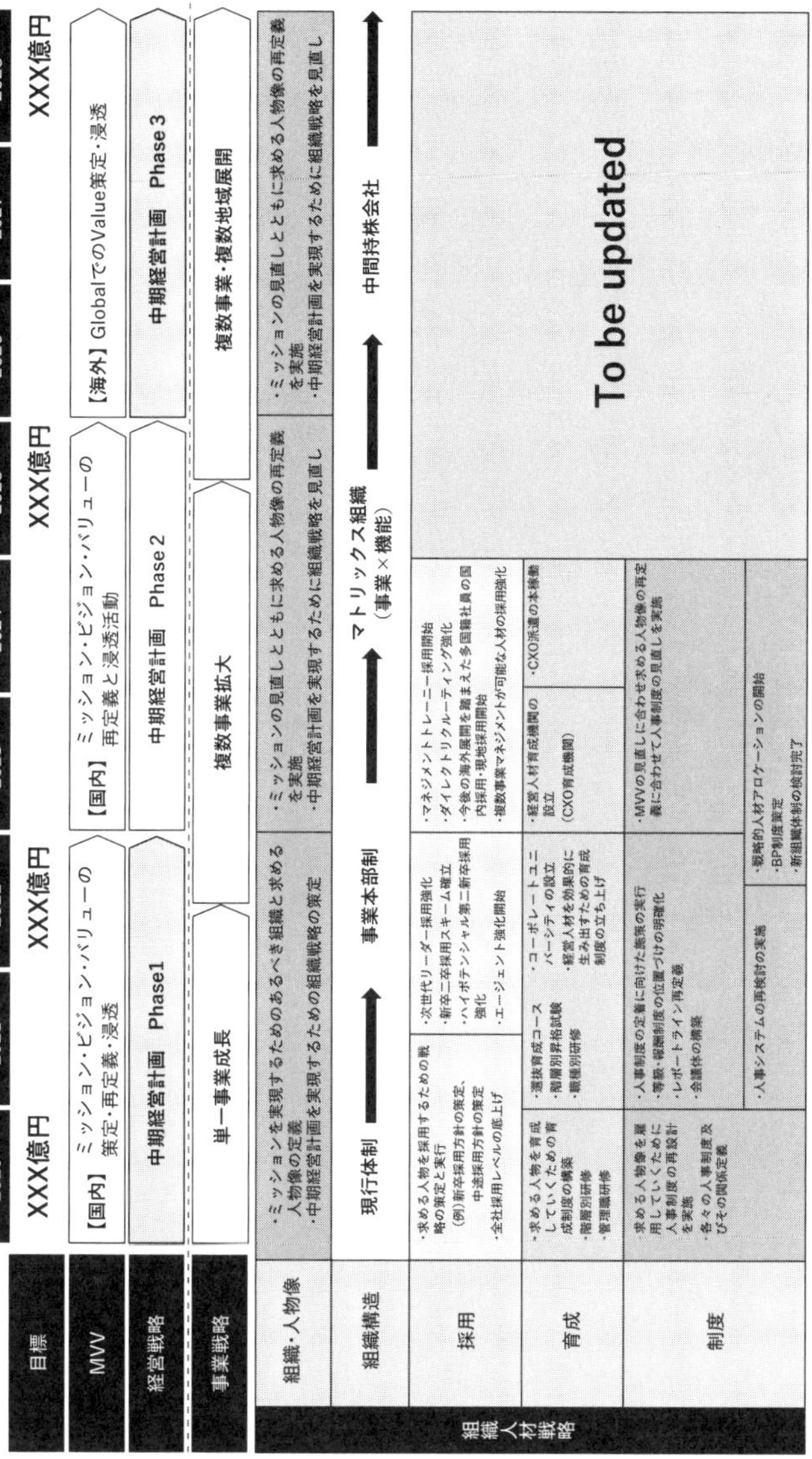
2020
2021
2022
2023
2024
2025
2026
2027
2028
目標
XXX億円
XXX億円
XXX億円
XXX億円
MVV
【国内】 ミッション・ビジョン・バリューの策定・再定義・浸透
【国内】 ミッション・ビジョン・バリューの再定義と浸透活動
【海外】 GlobalでのValue策定・浸透
経営戦略
中期経営計画 Phase1
中期経営計画 Phase 2
中期経営計画 Phase 3
事業戦略
単一事業成長
複数事業拡大
複数事業・複数地域展開
組織人材戦略
組織・人物像
・ミッションを実現するためのあるべき組織と求める人物像の定義
・中期経営計画を実現するための組織戦略の策定
・ミッションの見直しとともに求める人物像の再定義を実施
・中期経営計画を実現するために組織戦略を見直し
・ミッションの見直しとともに求める人物像の再定義を実施
・中期経営計画を実現するために組織戦略を見直し
組織構造
現行体制
事業本部制
マトリックス組織（事業×機能）
中間持株会社
採用
・求める人物を採用するための戦略の策定と実行
（例）新卒採用方針の策定、中途採用方針の策定
・全社採用レベルの底上げ
・次世代リーダー採用強化
・新卒二卒採用スキーム確立
・ハイポテンシャル第二新卒採用強化
・エージェント強化開始
・マネジメントトレーニー採用開始
・ダイレクトリクルーティング強化
・今後の海外展開を踏まえた多国籍社員の国内採用・現地採用開始
・複数事業マネジメントが可能な人材の採用強化
育成
・求める人物を育成していくための育成制度の構築
・階層別研修
・管理職研修
・選抜育成コース
・階層別昇格試験
・職種別研修
・コーポレートユニバーシティの設立
・経営人材を効果的に生み出すための育成制度の立ち上げ
・経営人材育成機関の設立
（CXO育成機関）
・CXO派遣の本稼働
制度
・求める人物像を雇用していくために人事制度の再設計を実施
・各々の人事制度及びその関係定義
・人事制度の定着に向けた施策の実行
・等級・報酬制度の位置づけの明確化
・レポートライン再定義
・会議体の構築
・MVVの見直しに合わせ求める人物像の再定義に合わせて人事制度の見直しを実施
・人事システムの再検討の実施
・戦略的人材アロケーションの開始
・BP制度策定
・新組織体制の検討完了
To be updated

図2
ミッションとすべての戦略に一貫性が必要

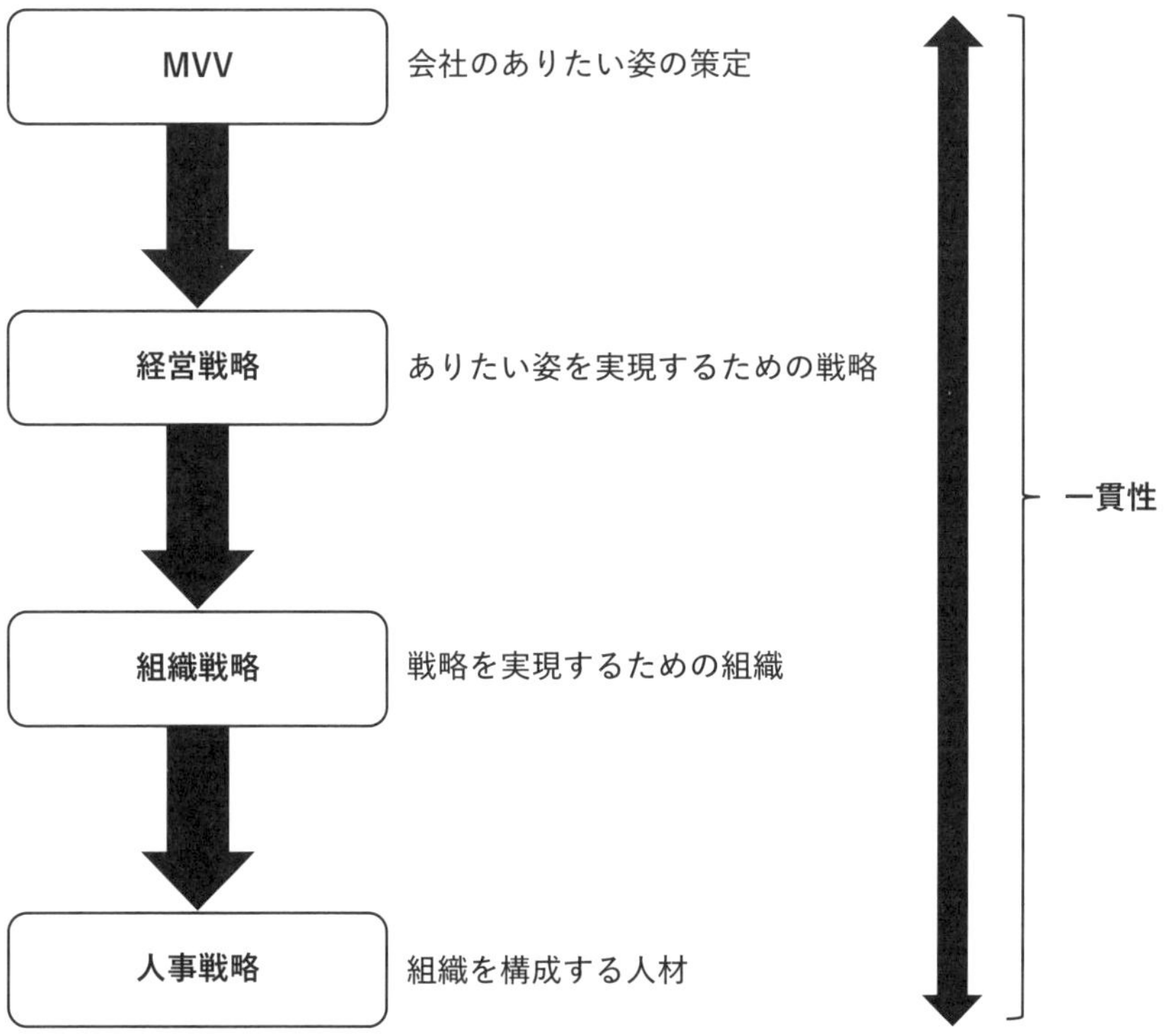

わからないことですし、他人がつくったミッションに向かって頑張りたいとは思わないでしょう。

ミッションのタネが必ず何かあるはずです。それを掘り下げて言語化する作業は大変ですが、タネがなければ始まりません。

想いの伝わる言葉を引き出すには

ミッションを自分でつくるのは難しいからプロにつくってほしいという人は、おそらく「きれいな言葉でないといけない」と思い過ぎているのです。たしかに、ミッションは最終的にはシンプルにそぎ落とした言葉にしたいところです。そうでないと覚えられないですし、社員が覚えられなければ、浸透させるのが難しくなります。「何となくこんな感じの言葉だったよね」というのではなく、一言一句違わず諳んじられるのが理想です。

とはいえ、最初から切れ味のいい言葉を探そうとしなくてかまいません。きれいな言葉を考える必要はありません。最も大事なのは、言葉に想いが乗っていることです。どんなにきれいな言葉にまとまっていても、想いが伝わらないようでは意味がないのです。

「おっ、なんだかカッコいいじゃん。意味はよくわからないけど」

そんなミッションも、実際よくあります。

しかし、ミッションは飾るものではなく、社内に浸透させるものです。浸透させるには、それなりに時間もかかるし工夫も要ります。経営者がコミットしなければ、できることではありません。コミットできる言葉であることが重要です。

それでは、想いが伝わる言葉を出すにはどうすればいいでしょうか。

まずは、リアルな言葉を使いながら、フランクにディスカッションすることです。緊張感を漂わせながら話し合うのではなく、腹を割って話し合っている感じです。僕がミッションづくりのファシリテートをするときには、「社長が最初にこの仕事を始めた経緯はどのようなものだったのでしょうか」というようにかしこまって質問するのではなく、「なんでこの仕事なんですか？」とラフに聞いていきます。もちろん、信頼関係ができている前提ですが。そして、こちらから言葉を定めずに話を引き出していきます。

たとえば、ラーメンチェーンの経営者とディスカッションをしているとしましょう。

「そもそも、なんでラーメン屋なんですか？」
「うーん、ほかになかったっていうか。ラーメンなら独立しやすいやろなと思って」
「なんで独立したかったんですか？」
「あんまり人の下で働きたくなかってん。それに、社長っていうたらかっこええやん？」
「会社にしないで、1人でやることもできたじゃないですか。どうして会社にしたんですか？」

「最初は自分の店って思ってたんやけど、なんか物足りなくなって。ラーメンの奥深さに、ハマってしまったっていうんかな」

「奥が深いって、どんなところがですか？」

「麺とスープに焼き豚やら海苔やらと、食材自体はある程度決まっているやろ？　ところが、とんでもないバリエーションがあんねん。スープ1つとっても、作り手によって全然違う味になる。店のコダワリみたいなもんが、ほかにない味を作り出す。それがまた、人を惹きつけるんやろな。ただ、いろいろ浮気しても、結局ここのラーメンが一番やと思ってほしい。毎日食べるならシンプルで飽きのこないうちのラーメン。最後の晩餐に選ぶならうちのラーメン。そんな本当に懐の深いラーメン屋になりたいねん」

長くなるのでこのあたりにしますが、やりとりのイメージが伝わるでしょうか。最初は一般的なことや消極的な理由（ラーメンなら独立しやすいと思った、社長はかっこいいなど）しか出てこなくても、話すうちに気持ちが乗るポイントが見つかります。繰り返し使う言葉があったり、「我ながらいいことを言った！」と思った言葉があったりするので、それを大事にします。

このプロセスを経ずに「こんなミッションどうですか？」とよさそうな言葉のサンプルを並べたりするのは絶対ダメです。経営者自身から出てきた想いのある言葉を、ミッションとして落とし込んでください。

目指す将来像をビジョンとして明文化する

次に、ビジョンです。ビジョンとは、ミッション実現のために目指すべき将来像のことでした。

「こういう世界を目指したい、こういう会社になりたい」

そんな想いを明文化するわけなので、ミッションを考える際に同時に出てくることでしょう。会社によってはビジョンが先に明確になり、あとからミッションを明文化する場合もあります。

さきほどの例の場合、（話が飛びますが）最終的に「ラーメンで世界を救う」というミッションが出てきたとします。それでは、ラーメンで世界を救ったと言うためには、どういう状態であることが必要でしょうか。目指す将来像、それがビジョンです。「世界で毎日食べられるラーメンを作る、世界一のラーメンチェーン」といったことです。

ミッション実現に向けて数値目標を設定する

ビジョンに伴って、具体的な目標の設定ができます。「世界を救った」と認知されるには、どのくらいの売上規模が必要なのか、消費の何パーセントを持っている必要があるのか。

「ラーメン業界の世界一、つまり売上××円を目指す。世界で○店舗が必要」

そんな目標が浮かび上がってきます。

ミッションの言葉自体は抽象的です。「ラーメンで世界を救う」というだけでは、どう行動すればいいのかはわかりません。そもそも「目的」は抽象的なものなのです。

抽象的なミッションを実現するためには、実現するために具体的な「目標」を設定する必要があります。「売上××円、世界で○店舗」というのは具体的な目標です。

身近な例で考えてみましょう。

- 目的＝健康に不安のない毎日を過ごす
- 目標＝5月の健康診断でオールB以上

「5月の健康診断でオールB以上」というのは具体的な目標であり、目的を達成したといえる水準として設定したものです。この水準をクリアするとして

「飲酒量を減らす」
「毎日ジョギングする」
「睡眠時間を確保する」

など手段を考えることができます。

ただ、「5月の健康診断でオールB以上」自体が目的ではありません。「5月の健康診断でオールB以上」とるために必死で不安な毎日を過ごしていたら、目的「健康に不安のない毎日を過ごす」からズレています。目的を損なって目標達成しても意味がありません。

ミッションと目標の関係を忘れないでください。

- ミッション＝目的
- ビジョン＝将来像＝目的を達成している姿
- 目標＝目的を達成したといえる水準

ミッションは普遍的、でも不変ではない

ミッションとビジョンは混同しがちなので、もう少し整理しておきます。ミッションは会社の使命、

目的、存在意義ですから、普遍的なものです。

一方、ビジョンは時代や環境の変化によって変わりうるものです。「中長期的な目標」と言い換えてもいいでしょう。実際「ミッションは変わらないが、世の中の価値観が変わってきたのでビジョンを見直したい」という相談を受けることもあります。

トリドールでは、2019年にミッションである“Simply For Your Pleasure.”（すべては、お客様のよろこびのために。）を補完する形で“Finding New Value.”という言葉が加わり、“Finding New Value. Simply For Your Pleasure.”となりました。

「すべては、お客様のよろこびのために。」

この言葉は、創業以来大切にされてきたものです。英語表記なのは、ビジョン「日本発のグローバルフードカンパニーになる」があるからです。世界中のメンバーと共通言語で同じ思いを共有し、海外事業の展開を加速していくために変えました。

さらに、お客様のよろこびを実現させていくためには、国や地域のカルチャーや、時代の中で変化するお客様のニーズに合わせ、常に新しい価値を提供していく必要があります。そこで、Finding New Valueという文言を加えて、新しいミッションとしたわけです。

このように、ミッションの根本的な部分は変わりませんが、ビジョンに応じて表現を変えていくことはあります。

バリューをつくる

ミッション、ビジョンが明確になったら、バリューをつくります。バリューとは、ミッション、ビジョンを体現するための価値観、行動規範のことでした。

ミッションとビジョンがあっても、バリューが定義されていないと困ることになります。ミッションは普遍的であるがゆえに、解釈には幅があります。また、抽象的表現であるため、社員個人が具体的にどうしたらいいのかイメージすることが難しいのです。

たとえば「グローバルに進化する」という言葉を聞いて、「語学が必要だ」と感じる人もいれば、「多様な価値観を受け入れることが必要だ」と感じる人もいるでしょう。「はっきりと主張したり交渉したりすることが重要だ」と思う人もいるかもしれません。

社員1人1人がどのような価値観を持ち、どのように行動していけば足並みがそろい、ミッション・ビジョンの実現に向かえるのか。それを考え、バリューを明文化します。

「チャレンジ精神を持つ」
「細やかな気配りを大切にする」
「個性を認め合う」

図3
バリューは「採用」「教育」「評価」の軸となる

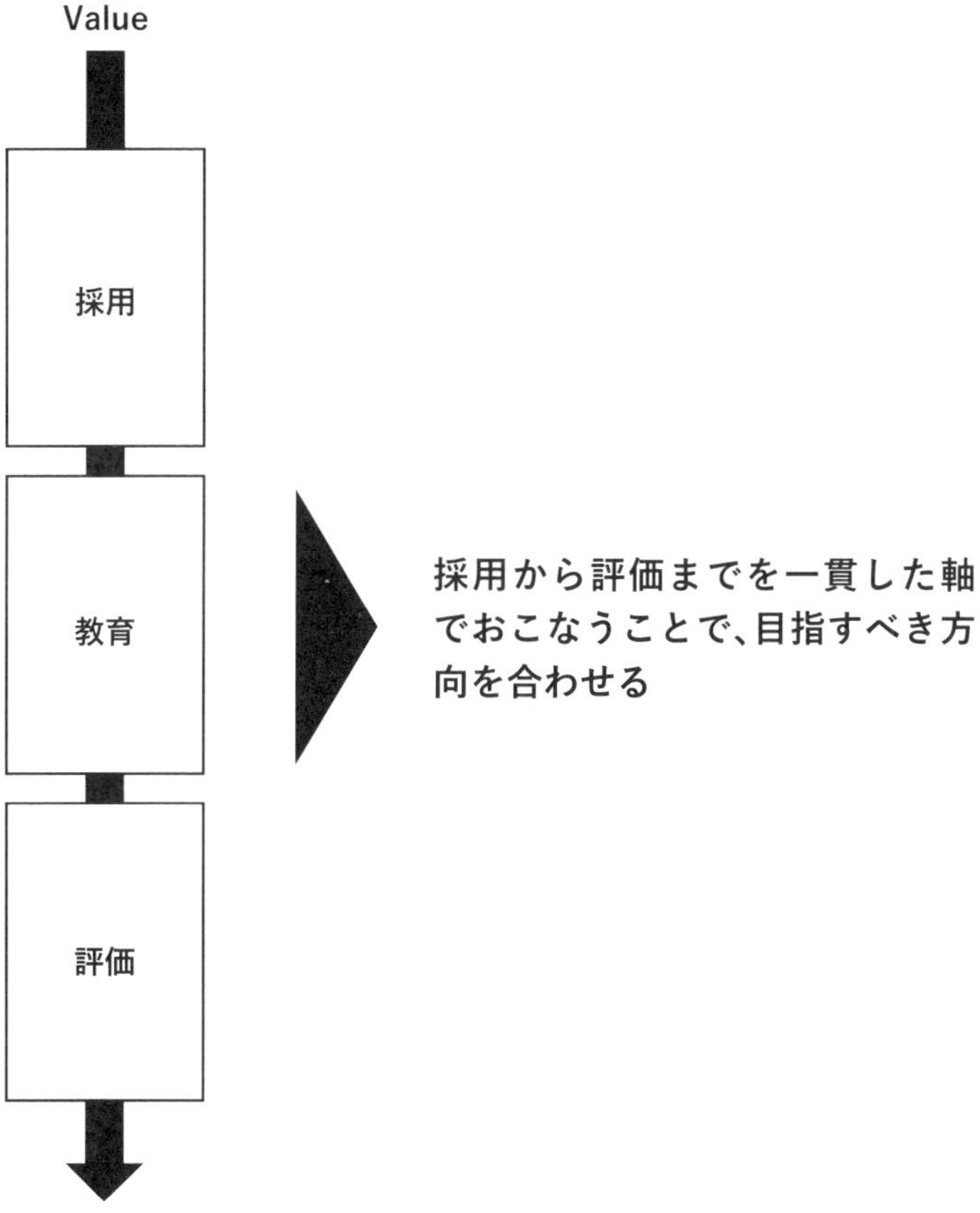

などです。ビジョンに向けた経営戦略、組織戦略を作成したなら、その組織を作るために必要な人材を定義することができるでしょう。

バリューは、「採用」「教育」「評価」の軸となります。「チャレンジ精神を持つ」というバリューを定義したなら、チャレンジ精神を持つ人を採用し、チャレンジを支援する教育をおこない、チャレンジしている人を評価します。

ミッション、ビジョン、バリューができたら終わりではありません。経営戦略、組織戦略、人事戦略まで一貫して考えなければなりません。

経営者はミッションを信じ切れ

ミッションを定義したら、経営者がそれを信じ切ることが何より重要です。ミッションが現場に浸透し、会社の文化になっていくには時間がかかりますが、途中で投げ出さないことです。経営者がコミットし、伝え続けなければなりません。

経営者自身がミッションを信じているからこそ、判断が難しい局面があっても乗り越えていくことができますし、ブレずに前進することができます。

1つの例をお話しましょう。トリドール時代からお付き合いのある、ショーケース・ギグという会社があります。事業の柱は、2013年からスタートさせたモバイルオーダーサービス「O:der Platform」。飲食店でテイクアウトする際に事前にスマホからオーダーをしておけるプラットフォームで、丸亀製麺も2020年から導入しました。そのほかテーブルからスマホでオーダーできる仕組みなど、コロナ禍前からモバイルオーダーサービスをやっており、とても成功しています。

・Showcase Gig　https://www.showcase-gig.com/

そんな中、2021年12月表参道に「The Label Fruit（ラベルフルーツ）」という店舗を出すことになったときは、社外役員などからも懸念の声もあったといいます。ラベルフルーツは、モバイルオーダーで注文し、店舗に出向いてロッカーから商品のフルーツドリンクを受け取るというサービスです。これまでBtoBのモバイルオーダーサービスで成功しており、事業も成長しているのに、なぜあえて店舗を出すのか。ラベルフルーツ1店舗では利益が出ません。

「このチャレンジは危険なのではないか……」

そんな反対があっても、押し切ることができたのは、ミッションとビジョンがあったからです。

▼ミッション

日常の消費に溶け込むテクノロジーにより生活を向上させること

▼ビジョン

次世代の消費行動を生み出すプラットフォームをつくる

「ラベルフルーツ」は、まさにミッション、ビジョンに沿った事業です。ショーケース・ギグの経営陣は、このミッション、ビジョンに合っているかどうかという判断軸を明確に持っています。強い想いを言語化し伝えているからこそ、共感するメンバーが集まるし、前進し続けることができるのではないでしょうか。

ミッションがあるからこそ、やるべき事業が見える

成長を目指して企業活動をする中では、常に「次の一手をどうするか」という重要な判断に迫られます。ときには、思い切った一手を打つこともあるでしょう。現在のリソースや環境からして「時期尚早なのでは」「背伸びしすぎなのでは」という不安がよぎることもあるかもしれません。しかし、ミッションがあれば、迷いを振り切って前進することができます。決して直感だけで「エイヤ！」と

図4

ミッション実現のために何をすべきかを考えて実行する

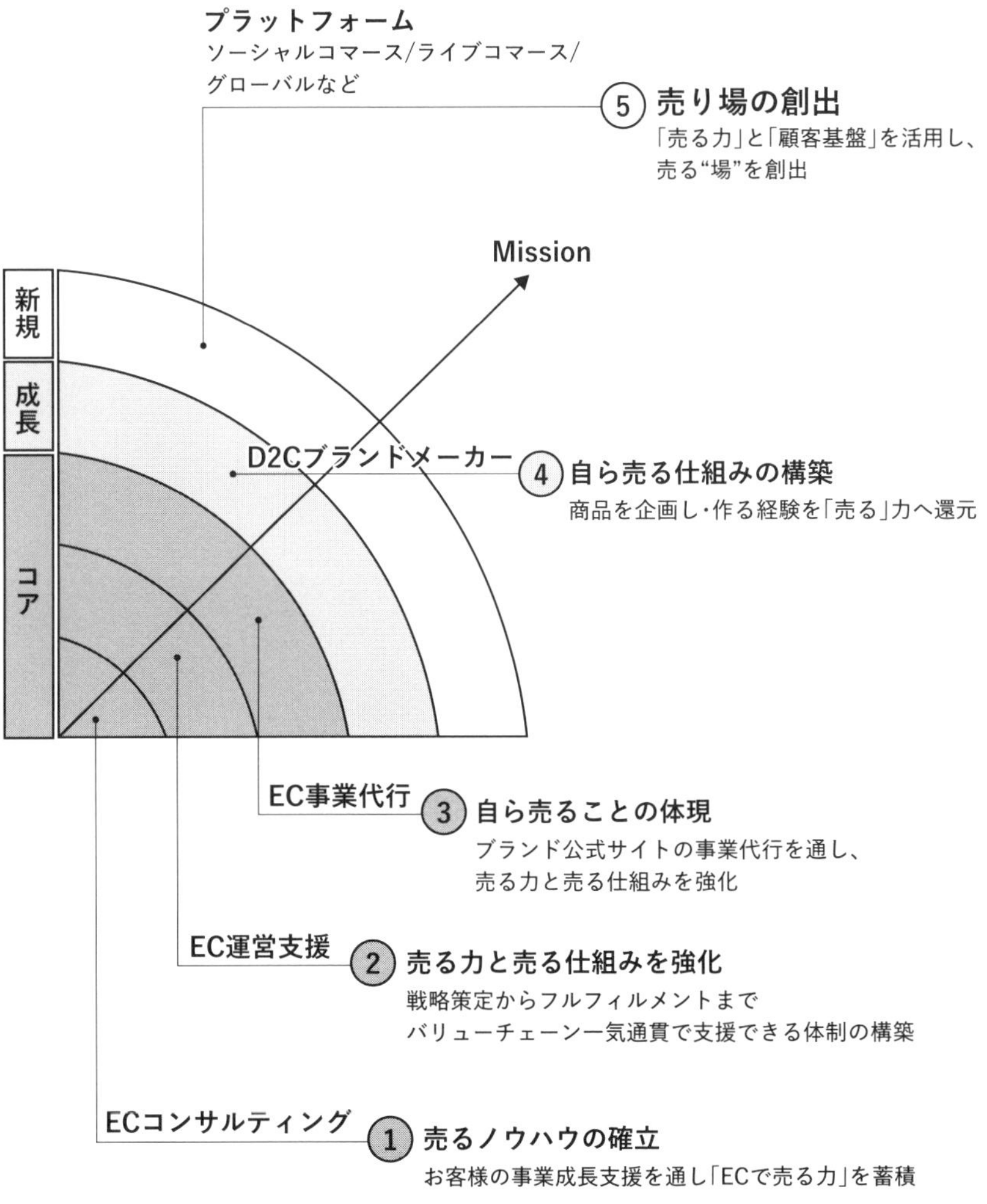
プラットフォーム
ソーシャルコマース/ライブコマース/
グローバルなど
5 売り場の創出
「売る力」と「顧客基盤」を活用し、
売る“場”を創出
Mission
新規
成長
コア
D2Cブランドメーカー
4 自ら売る仕組みの構築
商品を企画し･作る経験を「売る」力へ還元
EC事業代行
3 自ら売ることの体現
ブランド公式サイトの事業代行を通し、
売る力と売る仕組みを強化
EC運営支援
2 売る力と売る仕組みを強化
戦略策定からフルフィルメントまで
バリューチェーン一気通貫で支援できる体制の構築
ECコンサルティング
1 売るノウハウの確立
お客様の事業成長支援を通し「ECで売る力」を蓄積

※株式会社いつも開示資料より引用･作成

決断するわけではありません。ミッションを起点に中長期的な計画を立て、次の一手を決断していくのです。

株式会社いつもは、もともとＥＣコンサルティング事業を中心に、「ＥＣで売る力」を強みとして順調に成長してきた会社です。いつものミッションは「日本の未来をＥＣでつくる」。このミッション実現のために、次に何をすべきかを考えて実行しています。

たとえば、Ｍ＆Ａを通してメーカーとなったり、ライブコマースといった新規事業に着手しています。「我々はＥＣコンサルティングをやっているのだ」と考えていたら、わざわざメーカーになろうとは思わないでしょう。リスクをとりながら挑戦し続けるのは、「日本の未来をＥＣでつくる」というミッションがあるからなのです。自ら売る仕組みを構築して知見をため、お客様に還元し、お客様の成長を加速させることが必要だと考え、実行しています。

もちろん、ミッションがあるからといって、すべて成功するわけではありません。大事なのは、未来に向かってチャレンジすること、失敗したらそこから学ぶことです。

ミッションが文化になる

ミッションは、経営陣が心に持っているだけではなく、現場に浸透させることが大事です。社員１人１人が自然にミッションに基づいた考え方や行動ができるようになることを目指します。僕はそれを「ミッションが文化になる」と言っています。そうなれば、社員の力が分散されることなく存分に発揮され、どんなに高い目標も達成される日が来るでしょう。まさにミッションドリブンです。社員が成長し、会社が成長し、社会がよくなるという好循環になるのです。

経営者はミッションを明文化することはできますが、文化を作ることはできません。文化とは、組織を構成するメンバーで意識的にも無意識的にも共有している価値観や行動規範です。

当然ながら、企業文化は企業活動に大きな影響があります。「新しい提案すると面倒がられる」文化なのか、「新しい提案すると歓迎される」文化なのかによって、同じ人でも振る舞いが変わるはずです。マネジメントの父、ピーター・ドラッカーも「企業文化は戦略に勝る（Culture eats strategy for breakfast）」と言っています。「ミッションを現場に浸透させることで、時間をかけて文化になるのだ」と考えてください。

ミッションをどう浸透させるか

それでは、どうやって浸透させればいいのでしょうか。ここではまず初期段階として「ミッションを伝える」中で浸透させる工夫についてお話ししておきます。

▼①考えてもらう

経営陣のディスカッションにより、ミッション、ビジョン、バリューが完成したら、さっそくそれを社員に伝えたいと思うのではないでしょうか。もちろん、それはまちがっていません。

「我が社のミッションは、〜という言葉で表現することに決定しました。ビジョンは〜です。これを実現させるため、我が社が求める人材は〜です。これをバリューとしてこのように定義しました」

このように、経緯を含め丁寧に説明し、理解してもらうことが必要になります。

ただ、一方的に説明するよりも、社員1人1人が考える時間をとることで浸透しやすくなるのではないかと僕は考えています。実際トリドールでは、僕からミッション、ビジョン、バリューの全体像を一気に説明するのではなく、複数回に分けて1つずつ説明しては考えてもらうようにしていました。まず、背景はきちんと説明します。これまでの歴史と、いまの状況。これから目指そうとしていること。ミッションを実現するためには、ミッションを実現できる人を定義する必要があること。

「それが、このバリューです。バリューを軸として採用・教育・評価を考えていきます」

という説明をします。

その後、たとえばバリューの1つ「Customer Oriented お客様起点で考え行動し、すべてにおいて質にこだわる」について、なぜこれが大事だと思うかを話します。

社員にも考えてもらいます。

「人事部の立場でCustomer Orientedと言えるためには、どういうことができればいいか?」
「商品企画部の立場でCustomer Orientedと言えるためには、どういうことができればいいか?」
「店長の立場でCustomer Orientedと言えるためには、どういうことができればいいか?」

社員1人1人が自分のポジションにおいて考える時間をとるようにして、自分なりの解釈を言葉にしてもらうのです。これを繰り返しながら、ミッション、ビジョンとのつながりを伝えます。

そして、社員1人1人の立場で「ミッションに合う行動か?」と考えられるようになることを目指しました。会社のルールやマニュアルに合わせて動くのではなく、ミッションを軸として自分で判断してもらいたいからです。

たとえば、コロナ禍で全社的にお客様との接触を避けるように通達があったとします。物の受け渡しは直接ではなく、カウンターに置くように言われていました。そんなときに、久しぶりに見えた高齢のお客様が、「○○さん、久しぶりね。しばらく地元に帰っていたものだから来られなかったのよ」とうれしそうに手を差し伸べてきたらどうしますか?

会社のルールベースで考えたら、その手に触れることはできません。「すみません、ルールなので……」。そのお客様は、悲しい気持ちになるでしょう。

しかし、「すべてはお客様のよろこびのために」というミッションを軸に判断するなら、お客様の手に手で返そうと考えるのではないでしょうか。

もちろん、これに正解はありません。それぞれの立場で、ミッションを軸に考えることが重要なわけです。

▼②社内メディアで発信する

社員に考えてもらったあとも、ミッションについて発信を続けることが大切です。

トリドールでは、当時「／toridoll（アンドトリドール）」という社内メディアを立ち上げて記事を配信したほか、社内報も活用して発信を続けました（／toridollは現在はなくなっています）。ミッションを刷新した理由や、バリュー1つ1つの意味などについて、僕が話したものを書き起こし記事にしたり、社内のメンバーとの対談を記事にしたりしました。リアルな言葉を伝えたかったので、基本的には取材内容の検討・取材・文章化などを社内でおこなうことを心掛けました。かつ、同じものを社外にも出しました。「このバリューを大切にしたい」と社内で言っているだけではなく、オープンにすることでコミットできるからです。

このメディアがミッションの浸透に役立ったのはもちろんですが、それ以外にも如実に感じた変化がありました。採用率が高まったことです。

それまで、一次面接では会社説明の時間を長くとっていました。もちろん、事業内容などはある程度わかったうえで来ていただいているわけですが、採用のミスマッチをなくすため、ミッションを含め丁寧に説明する必要がありました。それでも、ミスマッチは起こっていました。

ところが、社内メディアでミッションについて発信するようになってから、会社についてよく理解して面接に来てくれる人が増え、長々と会社説明をしなくてもいいうえ、ミスマッチが減りました。これはお金もほとんどかからず、どの会社もマネできて有効な方法だと思います。

ミッション、ビジョン、バリューを会社のホームページに掲載している会社は多いと思います。しかし、ただ文言を載せているだけでは、伝わっていないかもしれません。

ミッションを株主や顧客、取引先などに伝えることはもちろん大事ですが、その前に社内で広めなくてはならないことにも注意してください。最悪なのは、社内で認知させる前にバーンと外に出してしまうことです。「聞いてないよ!」という反発を招きます。

まずは社内で現場のすみずみまで行き渡るよう、伝えてください。一度発表して終わりではなく、繰り返し伝えることが大事。その手段の1つが、社内メディアというわけです。

▼③ポスター、スクリーンセーバーに流す

ミッションはただ飾っておくだけではダメですが、いつでも確認できるようにしておくのは大事です。トリドールでは、全店舗の従業員用控室にミッション、ビジョン、バリューを書いたポスターを貼って、目につくようにしました。パソコンのスクリーンセーバーにも、ミッション、ビジョン、バリューが流れるようにしました。

仕事をしながら判断に迷うことがあったとき、ぱっとミッションが目に入ればいい判断ができるか

もしれません。社員用の手帳に入れたり、名刺大のカードにして持ち歩けるようにしたりするのもいいと思います。

最初は抵抗があって当たり前

ミッションを現場に浸透させるのには時間がかかります。トリドールでも、店舗の社員たちが

「それってお客様起点じゃないよね」
「質にこだわるなら、こうしたほうがいいんじゃないかな」

とバリューを自然に取り入れながら会話しているのが聞こえ始めたのは、ミッション浸透のためのプランを実行し始めてから3～4か月後のことです。バリューのうち1つでも、3か月で浸透したのなら上出来と言えるでしょう。素晴らしいミッション、ワクワクするビジョンに社員が感動し、「そのために頑張ろう！」と一瞬は思っても、すぐに忘れてしまうのが人間ですから。

そして、変わりたくないのが人間です。現状維持が最もラクです。変化するには、大きなエネルギーが要ります。僕たちは、経験していないことやよく知らないことには不安を覚え、慣れ親しんだことには安心感があるものです。

「食事を減らして運動を増やせば痩せるってわかっているんだけどね」と言いつつ、ダイエットの開始日を伸ばし続ける。

「デスクを片づけたほうがいいのはわかっているんだけどね」と言いつつ、書類の山の中で仕事を続けてしまう。

それも、ある意味当然のことなのです。こうすれば今よりよくなるだろうとわかっていても、現状がさほど悪くなければ「とりあえず今のままで十分だし、新しいことをやるのは面倒くさい」と思ってしまいます。

ですから、ミッション、ビジョン、バリューを伝えたからといって、すぐに変わるとは思わないことです。どんなに素晴らしい内容であっても、変化を不安に思う人は必ずいます。「そんなものは知らない、今のままがいい」と抵抗したくなる人もいます。それは当たり前なのだと思って、諦めず丁寧に伝え続けることです。このミッションを実現することで会社が幸せになり、社員1人1人も幸せになるのだと信じて伝えることです。

さらに、またのちほどお話ししますが、評価の仕組みにもミッション、ビジョン、バリューを入れ込むことが大事です。メッセージを伝えるだけではなく、実際に考え方や行動を評価に反映するのです。教育もしていきます。方針を決めた以上、会社としてその機会に責任を持たなければなりません。

こうした結果、やはりミッションに合わない、共感できないという人がいたら、去っていくかもしれません。残念ですが、それは仕方のないことです。共感できないのに残り続けるより、別の場所へ行ったほうが幸せなはずです。経営陣は、その覚悟も持って、ミッションの浸透を進める必要があるのです。

COLUMN

スターバックスのミッションが浸透しやすい理由

海外の企業ではミッションが社員に浸透しており、しっかり文化になっている印象があります。その筆頭がスターバックスです。元スターバックスジャパンCEOの岩田松雄さんは、『ミッション』（アスコム）という著書の中で、次のようにおっしゃっています。

「スターバックスを特別な存在にしているのは、スターバックスと、そこで働く人たちに、ミッションが浸透しているから」（P.25）

スターバックスのミッションとバリューは次のとおりです。*

※https://www.stArBucks.co.jp/compAny/mission.html

▼スターバックスのミッション

人々の心を豊かで活力のあるものにするために――
ひとりのお客様、一杯のコーヒー、そしてひとつのコミュニティから

▼スターバックスのバリュー

●お互いに心から認め合い、誰もが自分の居場所と感じられるような文化をつくります
●勇気をもって行動し、現状に満足せず、新しい方法を追い求めます。
スターバックスと私たちの成長のために。
●誠実に向き合い、威厳と尊敬をもって心を通わせる、その瞬間を大切にします。
●一人ひとりが全力を尽くし、最後まで結果に責任を持ちます。

スターバックスは、徹底的にミッション教育をしています。コーヒーの淹れ方などのオペレーションマニュアルは詳細なものがありますが、サービスマニュアルはありません。そのかわり、新しく入ったパートナー（店舗アルバイト）に対し、70時間もかけて教育をするそうです。それだけ、ミッションの重要性を心得ているのです。

また、ジョンソン・エンド・ジョンソンやリッツ・カールトンは「クレド」が有名です。クレドとは信条や行動指針という意味で、本書で言う「バリュー」とほぼ同じと考えていいでしょう。社員1人1人が、ミッションに基づき自分で判断して行動できるよう徹底して浸透させています。

一方、日本の企業でミッションやクレドが有名なところはあまりありません（カリスマ経営者には注目が集まりますが）。その理由は、日本は「多民族・多文化社会」ではなく（単一ではありませんが）、「以心伝心」や「暗黙知」が得意だったからではないでしょうか。日本は、世界で最もハイコンテクストな文化だと言われています。はっきり言葉にするよりは、状況や文脈に応じたコミュニケーションをとり、察する・察してもらうことを前提にしているのです。

一方、日本以外の国の多くは、ローコンテクストな文化を持ちます。文脈に頼らず、シンプルで明確な言葉によるコミュニケーションスタイルです。さまざまな人種、言語、文化的背景の人が集まっていれば、誤解が生じないようはっきりと言葉にし、相手に理解してもらうために何度も繰り返すことが必要なのです。その代表がアメリカです。ですから、アメリカからスターバックスのようなミッション経営の企業が多く出ていることは当然かもしれません。

これからさらにグローバル化が進む中では、これまであまりミッションを明文化してこなかった日本企業も、ミッションを言葉にし、繰り返し伝えて浸透させていく重要性が増すのではないでしょうか。

第3章

ミッションを実現する手段を変える

ミッション実現と関係ない指標を追いかけてしまっていないか？

ミッション、ビジョン、バリューが明確になったら、それを実現するための手段について見直す必要があります。たとえば、人事部門の目標の1つとして「研修の満足度を上げる」「採用決定率を上げる」というものがあったとします。その目標は、会社の目標とどうひもづいているでしょうか。なんとなく当たり前のように思って立てていた目標なら、考え直さなければなりません。

会社のミッションを浸透させるための研修が必要なのに、「研修の満足度を上げる」ことが目的化してしまい、「ゲームを通じてチームビルディングをするという研修は満足度が高いから、これを追求しよう」などと考えているとしたら、もうズレています。研修の満足度を上げること自体が目的ではないのです。「採用決定率を上げる」にしても、それはミッション実現とどう関係があるのかが重要です。

目標の話をするとき、必ず出てくる用語が「ＫＰＩ」です。ＫＰＩとはKey Performance Indicatorの略で、日本語にすると「重要業績評価指標」。会社の目標を達成するため、そのプロセスでの達成度合いを評価する具体的指標のことです。なお、最終的なゴールの達成度合いを評価する指標としてＫＧＩ（Key Goal Indicator）という言葉も使われますが、これはミッションに内包されているため、本書ではＫＧＩは使いません。

個人のＫＰＩが達成されれば事業部のＫＰＩが達成され、各事業部のＫＰＩが達成されれば企業の目標・目的が達成される（＝ミッションが実現する）という関係にあります。ＫＰＩは通常、達成度合いを客観的に判断するために数値で表現します。たとえば、営業部社員のＫＰＩとして一般的に設定されるのは次のような数値です。

- アポイント件数
- 訪問数
- 成約件数
- 平均受注額
- 受注期間

「月１００件訪問しよう」「平均受注額を10％アップさせよう」などと決めて、定期的に達成度合いを確認することで、最終的な目標に近づきやすくなるというわけです。

数値化にこだわって本質から離れてしまうのなら本末転倒

当然ながら、事業モデルや扱う商品・サービス、組織戦略などによって、重視される数値は変わります。

「私は人事担当なのですが、ＫＰＩを何にしたらいいのかわかりません。どうやって決めたらいいですか」

そう質問されることがあります。ＫＰＩに関する書籍も多く出ており、それだけ悩む人が多いのだろうと思います。これは興味深い現象です。何を目標にしたらいいかわからないというのです。「うちの場合はどんなＫＰＩにしたらいいのか?」と悩むのでしょう。

ＫＰＩマネジメントを取り入れる多くの企業がまずやるのは、「数字の洗い出し」です。ＫＰＩに設定できそうな数字を並べて、ああでもないこうでもないと考えます。

もちろん、会社が本質的に持っている目標は利益の増大ですから、利益につながる数字を洗い出すことには意味があります。ミッション実現と利益増大はコインの表と裏の関係のようなもので、切り離すことはできません。利益を出さなければミッションを実現することはできないし、ミッションを実現できなければ利益も出せないでしょう。

ただ、ＫＰＩの数字をこねくりまわしているうちに、本質からずれてくることがあると感じています。先ほどの「ＫＰＩを何にしたらいいのかわからない」人事担当者は、人事部門の仕事は売上に直結するわけではなく数字にしにくいから、数値目標を作るのが難しいと言っているのです。

そして、「採用人数を目標にしよう」「離職率を減らして、離職に関わるコストを減らそう」といったことを考えがちです。それがまちがっているとは言いませんが、数値目標を作るために立てた目標が本当に意味があるのかは微妙です。

僕は、自分自身がCHROだったときも、支援先の企業においても、「採用人数」や「離職率」といった個別のKPIは持たないようにしていました。「採用人数100人」と目標を設定して、それだけやればいいわけではないからです。コストをかければ人数をそろえることはかんたんです。しかし、ミッションに共感していない人を採用すればすぐに辞めるでしょうし、コストをかけすぎれば利益が減ってミッション実現が遠のくかもしれません。

「ミッション実現のために何をやりますか?」

それが最も重要なことです。たしかに、評価の仕組み上は、数値目標があったほうがいいのでしょう。しかし、数値化にこだわって本質から離れてしまうのなら本末転倒です。

僕は、KPIとはミッション実現のためにやるべき行動目標でしかないと思っています。複雑にせず、シンプルに考えてください。目標設定の方法や評価については、次章以降でくわしくお話しします。

その方針は何のため？

経営陣から突然言い渡された方針に、現場が戸惑うようなケースは多くあります。たとえば、「キャッシュレス決済比率を高めろ」というお達し。背景には、国が掲げている「2025年6月までにキャッシュレス決済比率を約40%まで引き上げる」という目標があるのでしょう（経済産業省が算出した2021年のキャッシュレス決済比率は32・5%でした）。

それでは、なぜ国はキャッシュレス決済比率を高めたいのでしょうか。おもな理由は次のようなものです。

- インバウンド消費の拡大（キャッシュレス決済に慣れている訪日外国人の需要を取り込みたい）
- 人手不足の問題の解消（レジ締めや現金取り扱いの時間の短縮）
- データ活用による消費の活性化

国の後押しがあって、キャッシュレス推進ムードの中、多くの店舗で導入が進んでおり、「うちもそろそろキャッシュレスを進めなきゃな」ということで本社から店舗にお達しが出るわけです。

しかし、何のためなのかがよくわからず、現場は戸惑います。当然ながら、キャッシュレス導入によってレジのオペレーションが変わり、ルールも変わる部分が出てきます。これまでのやり方に問題を感じていなかった現場のメンバーは、不満を感じるのです。このような例は、枚挙に暇がありません。

本来、会社のあらゆる方針はミッションにひもづいていなければいけません。キャッシュレス導入も、ミッション実現の手段の1つに位置づけられるならいいのです。経済産業省が言うように、インバウンド消費拡大や、店舗での人手不足を解消し生産性向上になることを見込んで戦略を作り、そのための組織やルールを設計したのなら、現場もスムーズに受け入れられるはずです（ミッションを浸透させていることが前提）。

しかし、ミッションと関係なく、

「そういう時代だから」
「他社がやっているから」
「流行っているから」

で方針が決まると、現場はついていけません。混乱が起こり、不満がふくらんでいくのです。

内製するか外注するかも、ミッションによって変わる

ＩＴ系企業では、内製化比率や外注化比率をＫＰＩにしているところもあります。いえ、ＩＴ系企業に限らず、近年はＤＸ（デジタルトランスフォーメーション）が企業の課題の1つです。データやデジタル技術を活用して、商品・サービスやビジネスモデル、業務プロセスを変革していこうという流れがあります。その一環で、内製化比率などをＫＰＩに考えるケースはあるでしょう。

「システムは内製したほうがいいか、外部のパッケージ（ＳａａＳ）を使ったほうがいいか」

そんな相談を僕も受けることがありますが、そのときにお伝えしているポイントは次のようなものです。

- 新しいシステムを入れるという方針も、会社のミッションにひもづけて考えなければならない
- スピードや堅牢性など何を重視するかによって違う。自社で開発すれば自由度は高いがその人材が必要となり、時間もかかる
- 必要なシステムのうち、すべて内製化するか一部パッケージを使うかによって、メリット・デメ

リットは変わる（総合的に見る必要がある）

いずれにしても、ミッション実現の手段としてシステムを入れるなら、そのシステムによって何を目指しているのかが重要です。

ちなみに、DXといえば、セブン&アイホールディングスの「DX崩壊」が2022年1月に話題になりました。莫大な投資をしたDX戦略が失敗し、進めていた構想が白紙に戻ったというのです。大きな理由の1つは、組織間の軋轢にあったという話もあります。当時社内にいた友人から聞いた話では、ほかの社員はみんなスーツなのに対し、DX部門だけ半パンでOK、報酬水準も異なる状況だったとのこと。鳴り物入りでスタートした新部門は、ほかと待遇に明らかな差があり、社内では批判の嵐。組織が分断されてしまいました。さらに、社外のITベンダーやコンサルを巻き込んだ抗争が、戦略の崩壊へとつながったのです。

こういったことは、多くの企業で起きています。ミッションと、ミッションからくる社内文化を無視した方針は、組織に不幸を招いてしまうのです。

丸亀製麺の離職はダメージが大きい理由

先ほども出てきたように、「離職率」は人事部門の課題の1つとしてよく言われます。

「うちの離職率は10％なんです。高いですよね？　もっと下げたいと思っているんです」

そう相談されることがあります。

もちろん、一般的に言って、離職率は低いに越したことはありません。ただし、「離職率が10％」という数字の意味は、会社によって違います。

僕は、トリドールで丸亀製麺の離職率を下げる必要があると考えましたが、それには理由があります。丸亀製麺の人材は立ち上がりに時間がかかるため、通常のチェーン店よりも離職のダメージが大きいからです。

丸亀製麺では、店ごとに一からうどんを手作りしています。小麦粉の温度管理をし、水や塩を調整し、製麺機を使いながらも混ざり具合をチェックするなど手作業も多くあります。製麺には技術がいるのです。かつ、店内はオープンで、どこのポジションにいてもお客さんに声をかけられるようになっています。つまり、お客さんに声をかけながら、うどんを作れなければなりません。この技術を持った人材となるにはある程度経験が必要ですから、立ち上がりに時間がかかるわけです。「お客さんと会話しながら製麺ができるようになった」と思ったら離職、となればダメージが大きいことがおわかりいただけるでしょう。「工場で一括して作ったうどんをゆでるだけ、温めるだけ」であれば、そこまでダメージは大きくありません。

それでは、なぜわざわざ非効率な店内製麺をするのか。それは、ミッション実現のためです。「すべては、お客様のよろこびのために」、そして「食べる喜び」といったトリドールが創業以来大切にしている考え方、すなわちミッションを実現しようとしたとき、丸亀製麺ではお客様に手作りできたての美味しいうどんを提供したいと考えました。お客様のよろこびにつながる重要な要素です。

「ミッション実現のため、手作りできたての美味しいうどんを提供できる体制が必要。人の経験の積み重ねがお客様の体験の源泉となるため、離職率を下げる必要がある」

こういう流れがあるわけです。

丸亀製麺がスタバのマネをしたら売上が減る!?

ミッションドリブンでうまくいった例を話すと、「スターバックスのマネをしたのですか?」と聞かれることがあります。トリドールのミッションを見て、スターバックスを連想する人もいるようです。それだけ、「ミッションといえばスターバックス」という印象があるのだと理解しています(第2章のコラムを参照)。

もし、丸亀製麺とスターバックスが似ていると感じる人がいるなら、ある意味光栄なことです。スターバックスで働く人を「素敵!」と思うのと同じように、「丸亀製麺で働くっていいね!」と思ってもらえたら……という気持ちはありましたから。
しかし、丸亀製麺がスターバックスのマネをすることはありえません。そもそものビジネスモデルが違うので、スターバックスのマネをしたらやっていけなくなるからです。
スターバックスは、お客様の滞在時間が長いモデルです。1杯のコーヒーで2時間も3時間もいるお客様を追い出したりはしません。

「人々の心を豊かで活力のあるものにするために――ひとりのお客様、一杯のコーヒー、そしてひとつのコミュニティから」

というミッションのもと、居心地のいい環境を提供しています。

「私たちは人々のお腹を満たしているのではない。心を満たしているのだ」

スターバックスインターナショナル元社長のハワード・ビーハー氏は、このように言っています。
一方、丸亀製麺はお店でできたての美味しいうどんを提供しつつ、お客様の回転率が重要なモデルです。コーヒーなら時間がたっても美味しいものがあるかもしれませんが、うどんでそうはいきません。そもそも全然違うのです。ですから、スターバックスが成功している飲食店の代表だからといって表面的にマネしたら、失敗することは目に見えています。

いま勢いのある会社や成功事例を見て、

「さっそくうちにも取り入れよう」

「マネすればうまくいくのではないか」

と思うことはあるかもしれません。学ぶ姿勢、それ自体は素晴らしいことです。ただ、その成功例の背景をよく知らずに取り入れたり、表面的にマネをしたりしても、絶対にうまくいきません。新たに何かを「導入しよう」「取り入れよう」というときは、必ず会社のミッションとどう関わっているのかを考えてください。「ミッション実現の手段」という前提があるなら、うまくいくはずです。

第4章

採用を変える

会社は組織であり、組織は人で構成されています。事業戦略、組織戦略を実行していくうえで、どのような人材が必要なのか。それをバリューとして定義したら、「採用」「教育」「評価」にその軸を通すことが重要です。

じつは、僕がご相談いただく中で最も多いのが採用の話です。課題のツートップがこちら。

- 人を採れない（目標の採用人数に到達しない、いい人材を採用できない）
- 人が辞める（離職率が高い）

ほかにも、さまざまな悩みを聞きます。

「活躍している社員と、活躍していない社員の給与の差をつけられないのだがどうしたらいいか」
「会社の思う方向性に動いてくれない社員をどうしたらいいか」

これはすべて、突き詰めれば採用の問題です。
こういった悩みと、ミッションを起点にした解決法について考えていきましょう。

人は究極の負債になりうる

多くの企業では、「来年度の採用人数は〇人」と目標人数を決めています。「200人採用したいのに、応募が少ない」といって悩んでいたりします。しかし、その人数は本当に必要なのでしょうか。

僕が支援している会社に、採用面接に来た方と話していたときのことです。当時ある会社の人事部門にいた彼は、転職活動をしていました。その会社の経営が傾いており、管理部門を縮小することが決まったため、辞めなくてはならないというのです。

面接中、僕はこう聞きました。

「1年前に戻れるとしたら、何をしますか」

こうなることがわかっていたら、どんな手を打っていただろうかという質問です。彼の答えはこうでした。

「採用を止めます」

経営に関係なく採用を例年どおりに続けたために、採用のコストがかかるうえに離職も多く、非常に経営を圧迫していたといいます。

「正直に言って、人を1人採用することのコストとリスクをそこまで考えていませんでした」

そうなのです。人を1人採用するにはコストがかかっていますし、その人が売上に貢献しないどころか大きな負債になるリスクもあります。なぜなら、日本では社員をかんたんに辞めさせることはできません。期待したとおりに働いていないからと、契約解除するわけにはいかないのです。採用に関するコストと人件費だけでなく、モチベーションの低い社員が周囲に悪影響を与えていることもマイナスです。

最終的に管理部門を縮小することになり、人事部門で採用をしていた彼自身が辞めることとなってしまいました。「採用を止める」と言っていましたが、本来はこの会社はミッションに基づく事業戦略、組織戦略をもとに採用人数を決めるべきでした。どのような人が必要なのかを定義し、本当に必要な人材を採用していれば違ったはずです。

脅すわけではありませんが、採用のリスク・コストを甘く見ている会社が多すぎです。企業規模が大きくなるほど、そういう傾向があります。経営と人事が離れてしまうからです。

少なくとも人事部門のトップは、経営の視点を持っていなくてはなりません。惰性で採用するのではなく、その採用が経営にどう影響するのかを見て判断する必要があります。

採用フィーを真剣に見ない理由

「人を雇えば人件費がかかる」

これは、だれもがある程度は意識していることだと思います。年収300万円の人を雇うのか、1000万円の人を雇うのかで人件費は大きく変わりますが、当然ながら人件費を安く抑えればいいわけではありません。1000万円の給与を支払って、それ以上の利益・価値を生むことができればいいのです。各部門のリーダーは、「いくらの人を採用するのか」という点は意識していることでしょう。

それでは、採用フィーはどうでしょうか。採用フィーとは、エージェント（人材紹介会社）を介して人を採用したときに、エージェントに支払う手数料のことです。採用フィーの相場は30～35％くらいです。つまり、年収1000万円の人を採用した場合は、300～350万円くらいをエージェントに支払うことになります。

じつはこの採用フィー、現場においてはあまり真剣に見られていません。たとえば、ある会社の第一営業部のエリアマネージャーが、営業担当者を1人採用したいとします。エージェントにお願いしたところ、同じ業界で営業経験のあるAさんを紹介されました。面談してみると、どうもAさんの求めている環境とは違う気がする。ほかのメンバーとはタイプが違う……と引っかかる部分はあるものの、人が足りず困っているのでとりあえず採用してしまいます。もしかしたらうまくいくかもしれないと期待をこめて研修もおこないましたが、案の定3か月で辞めてしまいました。

「まぁ、仕方ないよな。また同じ給与の人を採用すれば、年間の人件費は変わらないわけだからいいだろう」

いえいえ、そうではないのです。Aさんの年収500万円として、Aさんが辞めたあとに続けて採用したBさんも年収500万円である場合、たしかに年間の給与額は500万円になります。しかし、採用フィーが30％としたら、それぞれ150万円かかっており、合計300万円です。決して安くないコストです。

なぜ、採用フィーがあまり真剣に見られていないのかというと、本部のコストとして計上されていることが多いからです。本社全体でコスト計上するのみで、現場に振り分けない会社が多いのです。ですから、採用フィーの存在自体は知っていても、自分ごと化できないのでしょう。採用フィーも含めて、各部門のコストをしっかり計上したほうが採用にかかるコストを意識できます。

「ポジションを埋める採用」をやめる

「開発部の田中さん、来月末で退職だそうです」
「えっ、それは大変だ。すぐに採用活動をしないと」

社員が辞めることがわかったら、その空いたポジションを埋めるために新たな人材を採用しなくてはならない——日本の会社の人事部門、採用担当者の9割はこう考えるのではないでしょうか。僕のところへは「社員が辞めるので採用したい」という相談がものすごく多いからです。いわゆる「ポジションを埋める採用」です。

よく考えると、これはおかしいのです。必要なのは、社員数を減らさないことではなく、ミッションに向かって業務が回っていくことです。田中さんが辞めても、業務に支障が出ない方法が見つかれば問題ありません。むしろ田中さんの人件費が減った分、会社の利益は増えるかもしれません。1つのチャンスだと捉えられます。

実際、僕も部下が辞めるときには「業務を見直すチャンスだ」と考えてきました。ほとんどの場合、本当に必要でやっている仕事と、時間があるからやっている仕事に分かれます。とくに日本人は真面目でヒマが怖いので、空いた時間も何かしら仕事をして埋めていたりします。それをまずは見極めます。そして、必要な仕事をほかのメンバーに譲り渡すことができるかどうかも検討します。ほかのメンバーにとって、成長できるチャンスかもしれないのです。

「田中さんがやっているこれこれの仕事、自分に任せてもらいたい！」

そう考えているメンバーがいることは十分考えられます。

もちろん、業務を整理したり、ほかのメンバーが引き継ぐことを検討をしたりする労力はかかります。僕も、いったん辞める人の業務を自分が全部受け継いで大変な目に遭ったことがあります。それでも、安易にポジションを埋める採用をしなくてよかったと思っています。普段なかなかできない、業務の整理と効率化が一気に進むのですから。そうしてやってみて、やはり回らないとなれば採用をする――こういう順番でいいのではないでしょうか。

新しいポジションについても、「なぜ人が必要なのか、どういう人が必要なのか」をしっかり考えたうえで採用をしなければなりません。当たり前のことです。しかし、「ポジションを埋める」意識があると、しばしば誤った方向へ行ってしまいます。

たとえば、新規事業を立ち上げるにあたり、人事部門にも1人採用したいとします。「事業立ち上げまわりのことをお願いしたいので、その経験のある人事担当者を」ということで人を探しました。しかし、適した人材はなかなか見つかりません。新規事業の立ち上げが迫っているのに、人事の席が空いています。このポジションを埋めなければ……！

最終的には、「人事経験者ならだれでもいい」ということになり、急ぎで採用。そして、あるとき思うのです。

「あれ？　新規事業の立ち上げについて、わかる人がだれもいないじゃないか」

こんなことが起きてしまうのです。

ポジションを埋める採用を続けていると、空いている状態が怖くなると思いますが、勇気をもって「必要な人を配置する」意識に変えていきましょう。

「給与が低いから採用できない」という嘘

次に「人を採りたいのに採れない」悩みについて考えてみます。その理由は何でしょうか。

「うちの会社は給与が低いから、人が来てくれないんです」

よく聞く話ですが、これは半分本当で、半分嘘だと思っています。

もちろん、一定のポジションになってくると、給与が合う・合わないという問題は出てきます。他社と比べて給与が低いことが不利になるのは当然です。給与を高くすることができれば、もっと人が来てくれるのかもしれません。

しかし、給与を上げる以外にできることはないでしょうか。「人が採れないのは、給与が低いからだ」と納得してしまい、できることをやっていなかったりしないでしょうか。

人が「この会社で働きたい」と思う理由は、お金だけではありません。むしろ、お金以外の報酬を重視する人も多いのです。

- ミッションへの共感
- 仕事の面白さ
- 成長できる環境
- 仲間との良好な関係
- 自己実現につながる仕事

その会社のミッションに共感し、自分が活躍しているところをイメージしてワクワクできれば、他社と比べて20%給与が低くても選ぶ人は多いはずです。50%も差があれば厳しいかもしれませんが、多くの場合は10%や20%くらいの差で「だからダメだ」と言っているのです。

それでは、給与を上げさえすれば、本当に人を採ることができるのでしょうか？

入社を希望する人は、今より増えるでしょう。しかし、お金に注目して「働きたい」と来てくれた人は、他社からもっといい給与をオファーされればそちらに行ってしまうかもしれません。お金は大事ですが、お金だけで動く人を仲間にしたいわけではありませんよね。

「給与が20％低いくらいならかまわない」

そう思ってもらえるくらい、ワクワクできる提案を考えることです。

採用担当者自身が会社のミッションに心から共感しており、ビジョンをリアルにイメージしているなら、そういう話ができるのではないでしょうか。

今は多少給与が低くても、ミッション実現に向かえばおのずとお金もついてくるでしょう。そして、会社としては頑張ってくれている社員にきちんと報いなくてはなりません。

「グローバル人材、デジタル人材の定義は？」に答えられるか

ミッションを実現するための価値観や行動規範としてバリューを定義しましたが、バリューは採用・教育・評価に一貫して表現されるべきものです。これを前提としながら、事業戦略を実行するうえで必要なスキルや経験を持った人材を採用したいという希望が出てくることと思います。あなたの会社で必要としている人材は、どのような人でしょうか。必要な人材像を定義しておかなくてはなりません。

近年多く聞かれるのは、「グローバル人材」「デジタル人材」という言葉です。とくにＤＸ（デジタルトランスフォーメーション）がバズワードのようになって注目されてからは「デジタル人材が必要」という言葉をよく聞きます。

「うちの会社もデジタル人材が必要なんですけど、採れなくて困ってるんです」
「なるほど。御社が欲しいと思っているデジタル人材というのはどういう人材ですか？」
「え…？　自分はデジタルがよくわからないから、何と言ったらいいか……」

デジタルといってもその幅は広く、会社によって必要な人材像は違うはずです。

プログラミングができて、今の業務を効率化できる人。
デジタルツールを使いながら課題解決ができる人。
デジタルツールを使って、これまでのやり方を大きく変えることができる人。

それぞれの会社のミッションに向けて課題がありますから、「うちの会社で言うデジタル人材とはこういう人のこと」ときっちり定義できなくてはなりません。

「社長、うちの会社ではどんなデジタル人材を採用するべきでしょうか」

「COBOL（コボル）ができる人を採ってよ」

「COBOL？ ああ、プログラミング言語の……。わかりました。さっそく、ジョブディスクリプションに入れて探すようにします」

いえいえ、わかっていません。経営者の言う「COBOLができる人」は、本当にCOBOLプログラマーのことを指しているのかどうか怪しいからです。

COBOLは60年以上前に開発されたプログラミング言語ですが、いまだに基幹システムの中で生き残っており、近年また見直されています。一時期は「COBOLはなくなるだろう」と思われていたため、若い人は積極的に学ぶことが少なく、今プログラマー不足が言われるようになっています。COBOLプログラマーを採用するのはかんたんでないかもしれません。

しかし、その経営者が「基幹システムといえばCOBOL」と思っているだけだったらどうでしょう。本来必要なのは、基幹システムの開発や管理ができる人かもしれません。それなら、COBOLのほかにもJava、C#などがあります。表面的なスキルではなく、本質的に何を求めているのかをもっと聞かなくては、ズレが出てしまうのです。

ほかにも、欲しい人材として「次世代リーダー候補」という言葉がよく出ます。これも、会社にとってどういう人を「次世代リーダー候補」と捉えるのか、定義しなければなりません。

僕がジョブディスクリプションをなくした理由

必要な人材の定義というと、ジョブディスクリプション（ＪＤ）を思い浮かべる人もいるかもしれません。ジョブディスクリプションは「職務記述書」のことで、次のようなことを記載したものです。

【一般的なジョブディスクリプションの記載項目例】

- 職種、等級
- 具体的な職務内容
- 具体的な目標
- 責任の範囲
- 勤務条件
- 必要とされるスキル、経験、資格
- 待遇、福利厚生など

人材の採用にあたってはエージェント（人材紹介会社）に依頼することも多いと思います。その際、一般的に必要になるのがこのＪＤです。「こういう人を紹介してください」という意味で、具体的に書き込んで提示するのです。募集要項と似ていますが、待遇や条件などを提示するというより、必要な人材像を明確にした書類という感じです。エージェントにとっては、これがなければ最適な人材を探し、紹介することができないという大事な書類でしょう。

しかし、僕はあえてJDを作りません。エージェントの担当者に書いてもらいます。そのほうが、会社に合った人材を紹介してもらえるからです。

JDは、業務内容や希望する人材像についてよく理解しないと書くことができません。もちろん、こちらから情報を出します。「いまこういう事業をやっていて、こういう人材が必要なんです」など、エージェントのところへ出向いていって、あれこれ喋ります。エージェントの担当者も、いろいろ質問してくれます。それに答えながらJDを書いてもらい、できたものを見てさらに「こう書いてもらってありがたいんですけど、ちょっと違います。もっとこうこうです」と説明します。対話をすることで、エージェントの担当者に理解を深めてもらっているのです。

このようにする目的は、素晴らしいJDを作ることではなく、会社に合う人材を紹介してもらうことです。こうすることによって、確実に精度が上がるのです。

一見、面倒に思われるかもしれません。しかし、その後の流れはお互いに効率的になります。募集している会社は、合わない人を紹介されてお断りすることが減ります。エージェントからしても、契約に至らなければ報酬に結びつきませんから、できるだけ確率を高めたほうがいいのです。

エージェントのフィーを上げるより、ファンにする

「エージェントにお願いしても、なかなか紹介してもらえない、採用に結びつかない」

そんな悩みをよく聞きます。そういうとき、多くの会社はエージェントの数を増やしたり、エージェントに支払う採用フィーを30%から40%に引き上げたりします。

しかし、エージェントの数を絞って、濃いお付き合いをすることのほうが大事です。僕は採用フィーを上げたことは一度もありません。その代わり、武器を渡しているつもりです。武器とは、候補者に対して「この会社はこうだから、成長できるんです」と本気で語れることです。「採用ピッチ資料」といって、会社の現状や課題と、それに対してどう解決していこうと思っているかといったリアルな内容がわかる資料は渡しますし、どういう人材を求めているかを丁寧に伝えるのはすでにお話ししたとおりです。

そして、「あなたから紹介してもらったら100%会います」と約束します。エージェントの担当者には定期的に会って対話しているので、紹介の精度が高いから全員と会えるのです。これは、エージェントにとってもありがたいことです。候補者から見て、紹介されたのに書類で落とされて会えないより、紹介されたら会えるとなればいいエージェントでしょう。

もちろん、会って話した結果、さまざまな理由でやはり合わないことはあります。その場合は、必ず「こういうところが合わなかった」と担当者にフィードバックします。きちんとフィードバックするほど、担当者の理解も深まっていきます。すぐに返事をするのも大事です。エージェントのビジネスを理解し、やりやすいように最大限配慮するのです。

こうやって濃い関係を築くようにしていると、エージェントの担当者の中でマインドシェアが高まります。マッチしそうな候補者を見つけたらすぐに僕の顔を思い出してくれますし、「蔦本さんに紹介できる人を探さないと」と思ってくれます。エージェントが会社のファンになってくれたらいいのです。採用フィーをアップするより、よほど効果が高いと思います。

ジョブ型雇用の幻想

ＪＤといえば、ジョブ型雇用を思い浮かべる人も多いかもしれません。ジョブ型雇用とは、あらかじめ企業が定義した職務内容に対して必要な人材を採用する制度です。近年のトレンドのようで、よく話題に上がります。

職務内容は、ＪＤに書かれています。採用される側は、ＪＤに書かれた職務を遂行できるスキルを持っている必要があります。たとえば、人事労務のスペシャリストとして、そのスキルや知識を持つ人を採用するといったものです。欧米では主流になっている採用方法です。

一方、日本で主流なのは「メンバーシップ型雇用」。ジョブ型と違って、あらかじめ明確な職務を決めて採用するのではなく、採用後に研修やジョブローテーションをおこないながら、その時の業務状況に応じて人を配置していきます。採用時に職務内容が明確になっているわけではありませんから、職務の遂行に必要なスキルが求められるわけではありません。基本的に、従業員は会社が決めた職務に従わなければならず、そのかわり会社が雇用を守ってくれます。会社は、いったん採用したら、ある職務で成果が出せなかったからといって解雇することができません。

「日本で長らく前提となっていた終身雇用制度が崩壊しつつある今、欧米のようなジョブ型雇用のほうが企業として成果が出しやすいのではないか?」

コロナ禍でテレワークが推進され、働き方が見直されたこともあって、ジョブ型雇用に注目が集まりました。

「ジョブ型雇用なら、優秀な若手を採用できる」
「ジョブ型雇用なら、必要なときに必要な人材を採用できる」
「ジョブ型雇用なら、成果の低い中高年層の処遇も変えられる」
「ジョブ型雇用なら、テレワークでも問題なく業務遂行できる」

そんな幻想が広がったわけです。残念ながら、ジョブ型雇用に変えれば現在の日本企業が抱えている課題を解決できるというのは幻想です。

一番の問題は、たとえ職務を決めて採用したとしても、その職務がなくなったからといって、日本ではかんたんに正社員を解雇できないことです。これは法規制上の問題というより、慣行、社会通念上の問題です。

「新規事業のための企画部長として採用した。その新規事業がうまくいかず、1年で撤退した。企画部長のポジションがなくなり、したがって解雇する」

そういったことが契約上は可能であったとしても、現実には非常に難しいでしょう。これまでどおり、社内のほかのポジションへの異動を考えるはずです。企画部長として採用した人の能力が低かった場合も、それをきちんと証明する必要がありますし、その評価によって即解雇するのではなく、降格などのステップを踏まなければなりません。

ジョブ型かメンバーシップ型かで考えるのではありません。

「自分たちのミッションの実現に向け、どのような人材が必要で、そのためにどのような雇用形態をとるべきか？」

そう考えることが重要です。少なくとも現時点では、ただ単にジョブ型に移行するだけでは、日本の雇用慣行になじみませんし、採用の段階ではよくても、次第に問題が出てくるはずです。

JDを完璧にするほど採用がうまくいかない理由

JDのポイントは大きく2つあります。「具体的な業務内容」と「求められるスキルや経験」です。この2つが明確で悩まずに書けるなら、JDを作ればいいと思います。しかし、ほとんどの場合は悩むでしょう。

「この業務内容だったら、ある程度高度だから、マネジメント経験は3年以上にしておこうかな。いや、5年以上のほうがいいか。業界知識もないと困るから、業界経験2年以上にしておく？　あと、慣例的に四年制大学卒業も……」

- 四年制大学卒業
- IT業界2年以上
- マネジメント経験5年以上

こう書きながら思うのです。

「マネジメント経験っていっても、何人のマネジメントしたかによるよなぁ。4~5人のマネジメントを5年以上でもいいのかどうか……。まぁ細かいところは面接で聞くしかないよな。とりあえず要件を提示しないと」

こうやって「それっぽく仕上げたＪＤ」、意味ありますか?

なぜ、四年制大学を卒業していないといけないのか。
ＩＴ業界以外のところでマネジメント経験があるのではダメなのか。
マネジメント経験４年では本当に足りないのか。

そういったことが、まるで考えられていません。実際、重要なのはそこではないと思うのです。最も重要なのは、会社の方向性に合うことです。ミッションを共有でき、会社のミッションを実現させるために行動できるかどうか。そのために、バリューを定義しているわけです。ミッション実現のために行動できる人材なのに、「ＪＤに書かれた要件に合わないから」と切り捨ててしまうのは本末転倒です。いいエージェントは、意図を汲み取って「マネジメント経験４年しかないけど、合うと思ったので紹介します」と言ってくれます。しかし、エージェントによっては、要件に合わない人を候補者から外してしまいます。

また、具体的な業務内容も明確に書くことは難しいはずです。ミッション実現のために、会社は日々変化しています。コロナ禍で働き方も業務内容も変える必要があった人が多かったように、そのときの社会の影響を受けて変わることだってあります。派遣社員や有期雇用契約なら別ですが、会社のミッション実現を担うメンバーとして採用したいなら、JDを書くのは難しくて当然です。完璧に書こうとするほど、本来の目的からずれてしまい、会社にフィットする人を見つけられなくなってくるのです。

僕自身がJDを提示される側だったときも、正直言ってJDの細かい記載はよく見ませんでした。エージェントを通じてヘッドハンティングをされた場合、

「その会社は何を大事にしているんですか？」


と聞くのが最重要です。自分に何を求められているのかは聞きますが、具体的な業務を聞いたところで、参考程度にしかなりません。入ってみたら状況が変わって別の業務をすることになったなどということはいくらでもあります。「話が違うじゃないか！」と思うのは、そもそも会社の方向性にマッチしていないのでしょう。

もちろん、会社は嘘をついてはいけません。たとえば、本社の人員を採用したとき「あなたは現場に行くことは絶対にないから」と言っていたのなら、状況が変わったといって現場に行かせるのはナ

シです。ミッション実現に向かう中で、「社会の変化に応じて柔軟に対応できる人材が必要だ」と定義した場合、それを要件としてあらかじめ伝えなければなりません。

ダイレクトリクルーティングのハードルが高い理由

「最近、ダイレクトリクルーティングが流行っているじゃないですか。うちもやりたいんですよね」

こんな相談も増えています。エージェントを介さず、企業が直接候補者にアプローチする方法を「ダイレクトリクルーティング」と言います。ネット上に公開されている求職者の情報を見て、適した人を探し、スカウトするのです。LinkedIn（リンクトイン）やBIZREACH（ビズリーチ）などのダイレクトリクルーティングサービスに登録することによって、人材データベースにアクセスすることができ、「この人は」と思ったらスカウトメールを送ることができます。

ダイレクトリクルーティングの一番のメリットといえば、コストが安いことでしょう。エージェントに人材を紹介してもらった場合は採用フィーが高いので、ダイレクトリクルーティングを活用したいという相談が多いのです。

ダイレクトリクルーティングは、サービスによって違いますが「人材データベース利用料＋成功報酬費」で、1人採用するのに平均60万円程度のコストです。※ 単純にエージェントの採用フィーと比べれば、安いですね。だれもが知るようなブランド企業、人気企業にとっては、ダイレクトリクルーティングは非常にやりやすい仕組みだと思います。

しかし、そうでない企業にとって、ハードルは高いです。理由は3つあります。

▼理由①　適した候補者を探す労力がかかる

求人サイトに登録して応募者が来るのを待つのではなく、こちらから人材を探してアプローチできるのは「攻める採用」とも言われます。候補者のターゲットが明確であり、母数も少ない場合は、とてもいい方法です。たとえば、特殊な素材についての研究職を採用したいと考えていて、その研究者がどういうところにいるか（大学の研究室など）わかっているなら、直接アプローチしたほうがいいでしょう。

しかし、そうでない場合は、候補者を探すことにも労力がかかります。ダイレクトリクルーティングサービスの人材データベースで検索をかけてある程度絞り込むことはできますが、精度が低ければ100人にスカウトメールを出しても1人採用できるだけというくらいのものです。「この候補者は会社にマッチするだろうか？」と1人1人見ていけば精度が高まりますが、採用担当者の時間をそれだけ使うということです。

▼理由②　自社のアピールをする必要がある

「当社はこういう事業をしていて、業務拡大のため店舗営業ができる人を求めています。あなたの経歴を拝見して、当社でぜひご活躍いただきたくご連絡いたしました。当社は研修制度が充実しており、昇給スピードの速さが喜ばれています。また、社員同士が仲がよく風通しのよさが魅力です。ご興味をお持ちくださいましたら、云々」

よく知らない会社の人事担当者からこのようなメールが来ても、ほとんどの場合スルーするでしょう。読んだとしても、これではまったくよさがわかりません。興味を持ってもらうためにはしっかり自社のアピールをする必要があります。

しかし、そもそも自分で自分のことをアピールするのは難しいのです。「当社はこんなにいい会社ですよ」「こんな魅力がありますよ」と言うだけでは信用してもらえません。

その点、エージェントのような第三者が「こういういい会社があるので紹介したい」と言えば、信頼度が格段に高くなります。

▼理由③　クロージングの技術が求められる

ダイレクトリクルーティングでは、企業と候補者が直接やりとりをします。お互いにマッチしている感触があり、面接がスムーズに進んだ場合も、最後のクロージングで失敗すると内定辞退ということになりかねません。

※　https://www.neo-career.co.jp/humanresource/knowhow/a-contents-middlecareer-about_directrecruiting-200228/

クロージングとは、採用の内定を出したあと最終的な条件のすりあわせをしつつ、入社意思を確認することです。オファー面談とも呼びます。直接、条件の交渉には高度なクロージング技術が必要になります。候補者は直接言いにくいことがあるからです。

たとえば「いまの給与は700万円で、転職したら750万円を希望している」といったことはエージェントには話せても、採用担当者に対しては「いまの給与は700万円です」としか言わないかもしれません。率直な希望がわからないため、「では、うちでは670万円でお願いしたい」と希望からズレたオファーをしてしまうことがあるのです。

直接やりとりするということは、クロージングにもかなり気を使う必要があることに注意しましょう。

面接では、実績よりも考え方を知るためにしゃべってもらう

人材の定義ができたら、次は採用面接などで見極めることが必要になります。エージェントが紹介してくれた人も、面接をして確認し、決定は慎重におこなうべきです。

それでは、採用面接で見るべきポイントは何でしょうか。

通常、履歴書を提出してもらうと思いますが、学歴や職歴の部分はざっと確認する程度。判断を左右する部分ではありません。それより重視したいのは、どのような経験があるにせよ、その人なりにどう考えてきたかという思考の部分です。

中途採用であれば、これまでやった業務内容をひととおり話してもらいます。それをとっかかりにして、「そのとき、何を考えてどうしたか」を聞きたいのです。

「一番大変だった仕事は何ですか？」
「なぜ大変だったのですか？」
「そこから学んだことは何ですか？」

こういった質問によって、仕事への向かい方、考え方を知ることができます。これが経験やスキル以上に重要です。

とくに中途採用の場合は、いかに素晴らしい実績を持っていても、それが逆に成長を阻む場合があります。たとえば、僕がトリドールでの実績をたずさえてほかの会社に移ったとして、

「トリドールではこうだった」
「トリドールではこれでうまくいった」

と前職に囚われていたら、結局うまくいかないでしょう。会社が変われば、環境も違うし、フェーズも違う。ミッションも違うわけですから、新たな気持ちで仕事に向かわなければなりません。

僕はこれを「過去の実績には誇りを持ちつつ、プライドを捨てる」と言っています。「俺にはこん

なにすごい実績があるんだ」と鼻高々な人を採用するのは危険です。変なプライドは学びの邪魔になります。学び続けられる人こそ、会社の成長に必要な人材です。ですから、実績よりも考え方に焦点を当てて質問していくことが大事なのです。

新卒の場合はどうでしょうか。僕がいつも聞くのは次の2つです。

「今までで一番楽しかったことは何ですか?」
「一番の失敗は何ですか?」

「そのときどう思ったのですか?」「それでどうしたのですか?」と深堀りすることで、その人の価値観に触れられると思うからです。新卒のメンバーこそ、会社の文化を作るコアメンバーになります。ミッションにフィットする人かどうかが重要です。

ミッションにフィットする人材を見つける質問は、会社によって違うかもしれません。ただ、少なくとも学歴やインターンシップ、ボランティア、サークルでのマネジメント経験など華々しい経歴で「一般論としていい人材」に目を奪われていてはいい結果になりません。どのような経験を持っているにしても、「なぜ、それをしたのか」「そのときどう思ったのか」こそが大事です。

今は就活の情報も多く「こういう経験(インターン、ボランティア、マネジメントなど)があると就活で有利」と考える人もいるかもしれません。それは、採用する側が「意識が高い人はいろいろな経験をしている」と思い込んでいるフシがあるからでしょう。しかし、意識が高いとは何でしょうか？　就活への意識が高くても、何にもなりません。「人をよく見ない採用担当者が好みそうな経験」を並べているだけだとしたら、「ぜひ我が社に！」とは言わないはずです。

逆に言うと、「大学とバイトしか行っていなかった」という人が「意識が低い」とは言えません。

「大学で好きな研究をしているだけで幸せだと思っていました。でも、研究結果を人に伝えたり、そもそも研究の重要性を伝えたりすることが重要なのだと気づいたんです。それで、コミュニケーションが必要な接客のアルバイトにチャレンジしました」

……そんな話を聞くことができたら、どうでしょうか。その人にとってチャレンジングな経験をしているのであり、そこから学んだことも多いに違いありません。表面上の経験からはわからない、思考や人となりを知るために質問をするのだと心得てください。

返ってきた答えは、社会人からすると幼いと感じるかもしれません。もちろん、それでいいのです。これからどんどん成長し、活躍していく人材なのですから。中途採用で面接する人と比べてはいけません。

繰り返しになりますが、最も重要なのは、会社にミッションにフィットするかどうかです。中途採用にしても新卒にしても、経験・実績よりも考え方にフォーカスしたほうが、ミッションにフィットする人材を見つけやすくなります。

コミュニケーション力を見極める質問とは

面接では、コミュニケーション力を見るのも1つのポイントではないでしょうか。接客や営業だけでなく、チームで仕事をするのであれば、コミュニケーション力は無視できません。素晴らしい技術や能力を持っていても、それを伝えることができなければ宝の持ち腐れ。伝える力は、どんな人にとっても重要です。その技術・能力の活かし方を知るためにも、コミュニケーションが必要になるでしょう。

また、小さな失敗が大きなトラブルに発展するのはコミュニケーションの齟齬が原因のことがほとんどです。すぐに電話で関係者に謝りフォローすればいいものを、メールで「こういう失敗のおそれがあるのですが、過去にそういったことはありましたでしょうか」などとやっているうちに問題が大きくなっていく……なんていう例はよくあります。

どの職種でもコミュニケーション力は必要と言えますが、どういうコミュニケーションのスタイルを求めるかは会社や職種によって違うでしょう。みんなが淀みなくプレゼンテーションできる必要はないし、すぐにまわりの人と打ち解ける外向的な人である必要はありません。「口数は少ないけれど気遣いがある人」「静かに粘り強く交渉ができる人」など、さまざまなスタイルがあります。面接しながら、会社に合いそうかどうかはある程度わかると思います。

それに加えて、僕がよく質問するのは次のようなことです。

「僕があなたの友人と知り合いだとして、その知り合いにあなたのことについて『どんな人？』と聞いたら、何と答えると思いますか？」

「会社の先輩に聞いたら？」

「ご家族に聞いたら？」

あまり想定していなかった質問であるようで、武装していない素の姿を見せてくれます。

この質問で知りたいのは、「気遣いがある人」と言われているからいいとか、「リーダータイプ」と思われているからいいということではありません。「まわりから見た自分をどう認識しているか」です。

一見、コミュニケーションが得意で自信を持っているような場合でも、まわりから見た自分に対する認識が甘いことはよくあります。

「明るくて……、飲み会で仕切ってくれる人とかでしょうか……？」

淀みなくスラスラと話ができていても、相手に伝わっているかどうかは別の話です。ふだん話し方に自信がある人ほど、「ちゃんと相手に伝わっているか」を意識できていないことも多いもの。本当に相手に伝えようと思うと、相手がどういう人か、自分は相手からどう見られているかを考える必要があります。客観的な自分を認識していることが重要なのです。

「いやぁ……、どう見られているんですかね？（笑）」

こんなこともありました。面接でさきほどまでハキハキと質問に答えていたAさん。話す内容に自信を持っている様子はありありと見て取れます。同時に、「どう見られているんですかね？（笑）」という反応には、「そんなことはどうでもいいでしょう」という気持ちが透けて見えます。相手にどう伝わっているかという大事なことに興味を持たず、「オレってこういうタイプだから〜」とゴリ押ししてくるスタイルです。残念ながら、Aさんは「求める人材像に合わないのでは」という結論になってしまいました。

それほど、「まわりから見た自分への認識」は重要です。本当にコミュニケーション力のある人は、相手によってコミュニケーションのスタイルを変えられるのだと思います。「新商品のアイデアを伝える」にしろ、「相手の仕事へのフィードバックを伝える」にしろ、その目的を達成するには自分流をゴリ押ししていてはダメなのです。どうすれば伝わるかを考え、相手によって表現の仕方を変えることです。そのためには、客観的な目を持っていなければなりません。

先ほど挙げた質問にしっかり答えられる人は、客観的な自分を認識しています。面接では緊張もあってスラスラと話せなくても、コミュニケーション力は高いと考えられるのです。

面接では「何を聞くか」よりも「なぜ聞くか」が大事

多少テクニック的なこともお話ししましたが、面接で大事なことは、「どんな質問をするか」よりも「なぜその質問をするか」です。

「一番大変だった仕事」を聞くのは、先ほどお伝えしたように、その人の考え方を知るための1つの例です。

「なぜ大変だったのですか？」
「そのときどう考えたのですか？」

一連の質問によって、仕事への向き合い方、考え方を知ろうとしています。もっと言うと、その人が成長できる人であるかどうかを知りたいのです。

ですから「一番大変だった仕事」ではなく、別の質問でもかまいません。その人の経験や、これからお願いしたい業務に合わせて質問を作ればいいと思います。

会社によっては面接マニュアルがあり、あらかじめ聞くべき質問項目が決まっている場合もあると思います。ある程度質問を決めておくことは、落ち着いて面接に臨むために必要かもしれません。ただ、その場合も「なぜこの質問をするのか」を考える必要があります。

「面接官のスキルアップ研修をやってほしい」とご依頼いただくこともあるのですが、僕はまず「なぜ聞くか」を徹底的に考えることが大事だという話をします。質問の仕方、話の聞き方といったスキルもあればなおいいでしょうが、それは二の次です。僕自身、そういったスキルがあるかどうかはわかりません。ただ、常に「この面接で何を知りたいのか」「なぜ、いまこの質問をするべきなのか」を意識しています。

COLUMN

「なぜ?」を突き詰める思考法

「突き詰めて考える」

それを習慣にすれば、もっとスムーズに物事を進めることができます。ミッションを作ることもそうだし、採用に関する課題もそうです。ミッションは「なぜ、この会社が必要なのか」を考え、言語化します。採用でも「なぜ、この人を採用すべきなのか」「なぜ、面接でこの質問をするのか」をよく考えます。

僕はさまざまな企業に入って支援をさせてもらっていますが、やっていることは結局これなのです。「なぜ?」を繰り返して引き出しています。自分で「なぜ?」を繰り返し、突き詰めて考えることができるなら、それでかまわないわけです。頭を使うだけですから、お金もかかりません。だれでもできます。

とはいえ、ただ頭の中でグルグルと考えていても思考が進まない人もいるでしょう。僕自身が日ごろからやっている思考法をまとめてみると、3つのポイントがあります。

▼ポイント①　反対意見を考える

当たり前のように思えることでも、反対意見を持つ人がいたらどう言うか考えます。

たとえば、「増収増益を目指す」という目標を掲げたとしましょう。一見、当たり前の目標に思えます。しかし、「増収増益を目指すことに反対」という人がいたら？　その人はこう言うかもしれません。

「たしかに、我が社はこれこれの事業を拡大することができており、前期も増収増益でした。しかし、『〇〇で世界を救う』というミッション実現のためには、新商品の開発が必要です。これにはかなり投資が必要ですから、利益は圧迫されます。増収増益ではなく、増収減益を目指すべきです」

「自分はAだと思う」と明確な意見があるときも、「なぜAだと言えるのか？　Bではいけないのか？　Aでない場合はどうなるのか？」と考えます。

「このポジションにはAさんを採用したい」と思うなら、Aさんを採用しないとどうなるかを同時に考えるのも、その1つです。

▼ポイント② ゼロベースで考える

経験を積むほど、直感的に「これがいい」と思うようになるものです。実際、最初にピンときたアイデアは最終的に選ばれることも多いです。

しかし、そのアイデアに固執するのはよくありません。「絶対このアイデアでうまくいく！」と思ったとしても、いったんそれを捨てます。捨てて、ゼロから考えてみるのです。そうすることで、最初に気づかなかった視点が追加されていきます。

たとえば、新しい評価制度のアイデアを思いついたとします。「これでうまくいきそうだ！」という自分なりの感触がある。しかし、それをいったん捨てて、ゼロから評価制度を作ってみるのです。最終的には最初に考えた評価制度のほうがいいと判断することになっても、なぜいいか、なぜ別の方法ではダメなのかがしっかり説明できるようになっているでしょう。最初に考えたときには抜け落ちていたものにも気づき、さらにいい制度を作ることができるはずです。

▼ポイント③ 朝令暮改を恐れない

朝に出した方針を、夕方にはもう変更しているのが「朝令暮改」。方針が定まらずコロコロ変わったら困るというニュアンスですが、ミッション・ビジョン・バリューのもとに細かな方針が変わるのはむしろいいと思っています。なぜ変わるかといえば、それだけ考えたから。考えるのをやめなかったからアップデートされたのでしょう。

人間、何かを変えることのほうがエネルギーが要ります。変えずに現状維持するのがはるかにラク。

「いったん方針を出したら、もう考えるのをやめて、そのままいこう」

そうするほうが多いのではないでしょうか。だからこそ、朝令暮改を恐れず、考え続けることが重要なのです。

僕はさらに進んで「朝令朝改」と言っています。「朝令朝改」くらいでちょうどいいと思っているのです。

「なんか合いそう」「ちょっと違う」を言語化する

面接をしていて、「なんとなく雰囲気が会社に合う・合わない」というのが選考を左右することもあるでしょう。雰囲気が合うというのは、大事なポイントです。しかし、目に見えるわけではないので、なかなか言葉で説明できません。

ある会社の社長が、採用面接の場から戻ってきて「ちょっと違う」と言っていたことがありました。「ちょっと違うって、どこが違うんですか?」と聞いても、明確な答えは返ってきません。そこで僕は、引き続きおこなわれている面接を見にいきました。候補者の彼は質問に明るくはっきりとした口調で答えており、実績も申し分ありません。一緒に仕事をするところが想像できそうな感じがしました。しかし、ちょっと違う。微妙な差があるのです。

僕は、社長と「どこが違うのか」を議論しました。すると、だんだん言語化されてきました。言葉の端々から感じたまっすぐさ、「思い込みの激しさ」のようなものがあったのです。これは強みにもなる一方で、1人で突っ走ってしまったり、想定外のことが起きたときの柔軟な対応が難しかったりという面があります。

もちろん、彼が活躍できる場はあるでしょう。しかし、その会社が大事にしている「柔軟に考え、変化に対応できること」「チームワークを大切にすること」からすると、「ちょっと違う」のです。「なんか合いそう」「ちょっと違う」という感覚は、じつは重要です。ただ、言語化せずにそのまま放置していると、次に活かすことができません。「なんか合いそう」と思ったけど、違ったということもあるでしょう。個人の感覚のせいにしておけば、同じようなことを繰り返すことになります。

なぜ、合いそうだと思ったのか。

なぜ、ちょっと違うと思ったのか。

言語化するように努めることが大事なのです。

その際に考慮すべきは、ミッション、ビジョン、バリューです。会社のミッションが浸透していると、文化になります。その文化が雰囲気を作り出します。文化、雰囲気自体は言葉にするのが難しいのですが、もともとのミッション、ビジョン、バリューは言葉にしてあるわけです。それに照らして、会社の雰囲気に合う・合わないを見極めるのです。

候補者が何を求めているかを見る

採用したいのは、ひと言で言えば「ミッションに共感してくれる人」です。会社のミッション実現に向けて力を発揮したい、頑張りたいと思ってくれる人です。その前提に立ったうえで、それぞれのポジションに合う人を採用したいわけです。

ですから、お金やポジションを第一に考えている人は候補から外れることになるでしょう。

「私の年収はいくらになりますか?」

「いくらで雇ってもらえるんですか?」

報酬によっては考えましょうという感じで一番にこう言う方もいるのですが、どんなに優秀であっても採用することはありません。

ポジションについても同様です。

「上場前の会社だし、今入れば自分はいいポジションに行けるはずだ。だから、今のうちに入社したい」

そう考える人もいます。その率直さには好感を持ちますが、残念ながら採用はできません。

お金やポジションの話は大事です。しかし、それより大事なのがミッションです。この会社の目指していることをやりたいと思ってくれているのでなければ、結局うまくいかないのです。お金が最重要な人には、いい報酬が出せていればいいでしょうが、今後ずっとそうとは限りません。もっといい条件を出されれば、ほかの会社に行ってしまうでしょう。

ポジションだって、思いどおりにいかないかもしれません。会社としてはできるだけ希望を叶えてあげたいところですが、いいときもあれば悪いときもあるのが現実。会社のミッションに共感し、「やりたい」と思ってくれていることが最も重要です。

ですから、面接では候補者が何を一番に求めているのかを見る必要があります。学歴や実績が素晴らしくても、ミッションからずれていれば採用しないほうが吉なのです。

COLUMN

面接は最大の営業

採用面接は、最大の営業だと思っています。こんなに会社の想いを伝えることができる場は、ほかになかなかありません。いい会社だなと思ってもらい、ファンになってもらうチャンスです。

もちろん、一番の目的は、会社に合う人材であるかどうかを見極めることです。しかし、同時に相手からも選ばれなければなりません。候補者も、「本当にここで働きたいか」を見極めています。合わなければお互いに不幸ですから、面接できちんと確認しなければなりません。

そして今回、採用の面ではご縁がなかったとしても、好きになってもらいたいではないですか。感じの悪い面接官がいて、嫌な印象を持ったとしたら、その後その会社の商品を買おうと思わないでしょう。

偉そうな態度の面接官なんて、もってのほかです。長時間の面接で疲れてくることもあるでしょうが、疲れた顔は見せない気概が必要だと思います。そもそも、候補者の時間をいただいているわけです。「貴重なお時間をありがとうございます」という気持ちで、心を込めて向き合うことが大切です。

そして、お断りするときほど丁寧に。エージェント経由の場合は、その方のよかったところと、なぜ今回お断りするかの理由を細かくお伝えします。ダイレクトリクルーティングの場合は、特別聞かれない限りは理由を伝えることはしません。「あなたのここが合いませんでした」と直接言われたくない人も多いからです。少なくとも、この会社で働きたいと思ってくれたこと、時間を割いて面接に足を運んでくれたことに感謝し、期待に沿えなかったことを詫びて、ご理解いただくよう努めなければなりません。

すぐ活躍してほしいと思って採らない

入社前の段階で会社のミッションから業務内容までできるだけ理解してもらえるよう努めますが、実際に入社してから会社のことを理解するには時間が必要です。すぐに成果を出したくても難しいのが普通。焦ってはいけません。焦るほど本質を見誤ります。即戦力を期待しすぎると、会社のミッションに合わない人を採ってしまうことが多いのです。すると、「すぐに成果が出ない」どころか、のちのちマイナスの効果が出ます。

入社半年から1年くらいは「準備期間」と考えたいところです。この期間は、失敗しても大きな損失にならないように仕事を組みます。もちろん、その人の仕事の理解度合い、進み具合によってどんどん任せればいいのですが、なかなか成果が出なくてもＯＫと考えることです。

実際、入社3か月ほどで「成果が出せず、すみません」と言う部下に対して、僕は「大丈夫、半年後に絶対成果が出せるようになる」と伝えてきました。「焦らなくていいから、引き続き頑張ってほしい」と。すると本当にそのとおりになるのです。

早く、早くとプレッシャーを与えても、いい結果にはなりません。焦らず、着実に力を発揮してもらえるように、採用時から考えるのが理想です。

とくに重要なポジションは周囲の人に話を聞く

採用面接は、次のような順番を意識することが大事です。

①採りたい人物像を明確にしたうえで面接に臨む
②会社のミッション・ビジョン・バリューに合っているかを一番に見る
③そのポジションに合った経験やスキルを見る

お互いに嘘をつかないことが前提ですが、ここからブレなければ採用後に大きな問題はあまり起きません。特別な理由もなくすぐに辞めてしまうとか、チームの雰囲気が悪くなることはないでしょう。

ただ、当然ながら、面接だけで候補者のすべてがわかるわけではありません。とくに重要なポジションの場合は、慎重に採用を決めることをおすすめします。役職が上がるほど、発言権や影響力が大きいからです。

僕は、基本的に役員以上の採用では、まわりの人にも話を聞きます。以前の会社で一緒に働いていた人を紹介してもらい、その人に候補者の印象などを聞くのです。紹介してもらえた時点で、1つクリアです。問題を起こしていたり、退職した会社の人との関係が悪かったりすれば、そもそも紹介が難しいでしょう。本人に紹介してもらった人に話を聞くわけですから、ポジティブな答えが返ってきます。

「部下の面倒見がよくて、慕われていましたよ。厳しいところもあるんですが、ちゃんとフォローしてくれていました」

「企画が通らなくてもへこたれず、常に前向きにチャレンジするので、すごいなと思った記憶があります。結果だけを見て『たまたま当たったんだろう』という人もいますが、近くで見ていた私からすると、だれもマネできないほど地道に企画を出し続けたからだと思います」

こういったポジティブな回答の中に、新たないい面が見つかれば、さらなる後押しになります。こちらとしても、欠点を見つけたくて聞いているわけではありません。話を聞いた結果、採用見送りになるケースはほぼゼロです。では何のためにやっているかというと、「その人が力を発揮できる環境を整える参考にするため」です。

「前職では成果を出していたのに、環境が変わったことで力が発揮しにくくなった」

「新しい仕事の勘所をつかむまでに、想定以上に時間がかかった」

そんなこともよくあります。一番いい形でフィットできるよう、会社としても環境を整えたいところです

ですから、「どういう環境であれば一番心地よく仕事してもらえそうですか?」といったことも聞きます。

キャリア支援の怠慢が離職を招く

離職については「入社前と話が違うから辞める」「ミッションがなく、成長できないから辞める」という話をすでにしましたが、もう1つ別の角度から付け加えておきたいと思います。「キャリア支援をしないから辞める」ということです。

必要な人材を定義し、バリューを「採用」「教育」「評価」の軸にすると決めたなら、それに基づいて会社は社員のキャリア支援をする責任があります。

たとえば、次世代リーダー候補として採用した人が、これからリーダーとして活躍できるように教育をおこないます。実際にプロジェクトを任せて経験を積んでもらったり、上司や人事担当者がキャリア相談にのったりすることも必要でしょう。

「どういうリーダーになりたいと思っているか」
「リーダーになることを通じて、何を実現したいと思っているか」

本人の夢や目標を聞きながら、できる限りサポートします。会社のミッションに共感して入社したわけですから、本人が目指すものと会社のミッションが相反するようなことはないはずです。

こういったことをせずに、「期待どおり動いていない」と一方的に言うのはおかしいのです。しかし、やさしい声をかけるのは採用時だけという人事部門の話を聞くことがあります。各部門の管理職（マネージャー）もそうです。キャリア相談にのることをせず、仕事の指示ばかりになっているのです。いつのまにか本人のキャリアの方向性と会社のミッションとのズレが大きくなり、離職することになるケースは少なくありません。

意外とよくあるのが、退職の申し出があってはじめて本人の希望を聞くというパターン。僕がこれまで見た会社の中には、「退職を申し出ると給与が少し上がる」「本部へ異動できる」といった謎の慣習もありました。土壇場になって引き留めるため、希望を聞いているわけです。それで一時は退職を思いとどまっても、早晩辞めることになります。

「だったら、なぜもっと早く希望を聞いてくれなかったのか」

そんな不満を持っていることでしょう。きちんとキャリア支援をしていれば、そうはならないはずです。

退職の申し出があったとき、僕は引き留めることをしません。本人の大きな決断にとやかく言うことはできないと思うからです。冷たいと思われるかもしれませんが、大事なのは「本人の幸せ」と「会社のミッション実現」です。キャリア支援をしている前提があるのなら、辞める決断をしたという意思を尊重したいものです。

COLUMN

採用前に「入口の副業」で見極める

「なんだかんだ言っても、やってみないとわからない」

就職・転職においては、どうしてもそういう部分があります。就職者にとって大きな決断であり、雇用契約を結んで以降はやはりかんたんには辞められないという想いがあるでしょう。1日のうち8時間、場合によってはもっと長い時間を使うわけですから、最良の選択をしたいものです。

採用をする側としても、「その人にとって幸せな選択をしてほしい」と思っています。面接者、選考者の立場でこう言うと、きれいごとに感じるかもしれませんが、僕のベースにあるのはこれなのです。だから、面接中「この人は別の会社のほうが幸せに働けそうだ」と感じて、他社を紹介したこともあります。これは本当はやってはいけないので、ここだけの話です（と、本に書いてしまいましたが）。

最近よく思うのは、副業を入口にして採用につなげていったらどうかということです。たとえば

●土曜日だけ、一部の仕事を担当する
●あるプロジェクトだけ、メンバーに入って仕事をする

といったものです。インターンといえば学生が実際に仕事を体験することですが、社会人インターンのような形で実際の仕事を体験するわけです。これによって、会社に合う・合わないが明確になるでしょう。最良の選択がしやすくなると思うのです。

知り合いの株式会社ｏｖｅｒｆｌｏｗがやっているサービス「Ｏｆｆｅｒｓ（オファーズ）」は、エンジニアの副業・複業マッチングプラットフォームです。

●Ｏｆｆｅｒｓ　https://offers.jp/

Ｏｆｆｅｒｓが目指しているのは、『働く人』に幅広い選択肢を作ること」「企業と働く人のミスマッチをなくすこと」。本採用の前に体験できるという意味でも、人によって複数の企業で

活躍できるという意味でも、とてもいい取り組みではないでしょうか。

副業に対しては企業ごとにいろいろな考え方があるでしょう。禁止しているところもあると思います。他社の仕事をすることによって、自社での生産性が落ちることを懸念するのもわかります。ただ、副業で得た知見を還元してもらえるという考え方もあります。その人の仕事の付加価値が高まる可能性はあります。

また、優秀な人ほど1社で囲っておけないとも考えられます。2社、3社で活躍してもらってもいいのではないでしょうか。

ミッションフィットを最重要に考えつつ、多様な働き方の受け皿を作っていくことが必要になるだろうと考えています。

第5章
組織を変える

ミッション実現のためにどういう人材が必要なのかを定義したら、同時に組織も変えなくてはなりません。せっかく採用した良い人材が力を発揮するには、相応の環境が必要だからです。現場にきちんと受け皿があり、相応の教育や処遇がされなければなりません。

なぜ新卒が育たないのか?

「会社のミッションに沿ったいい人材を採用したのに、その後うまくいかない……」

そんなケースがあります。そのうちの1つが、新卒の社員がなかなか育たないこと。よく聞く悩みです。

大きな理由となるのが、仕事の一部を切り取ってやらせる「作業者」にしてしまっていることです。最初は作業も必要でしょう。言われたとおりに業務を遂行するのだって、最初は大変なものです。しかし、いつまでもそれでは育つわけがありません。自ら課題を見つけたり、仕事を作り出したりできるようになるには、仕事の全体像を理解し、工夫やチャレンジができる環境にあることが必要です。

とりあえず作業をやってもらうのはラクです。ハッキリ言って、マネージャーとしての能力は要りません。しかも、新卒の社員は経験がないわけですから、まっさらで何にも染まっていない状態。上司の教育能力が低くても、意見することはあまりないでしょう。

「どう、仕事は慣れてきた？　○○さんが入ってくれたおかげで助かるよ。オレが新入社員だった頃は大変で……」

そう先輩風（？）を吹かせておけば、なんとなく面目も立ちます。

ですから、本来は教育に相応の労力がかかる新卒社員ですが、配下につけたいと思う中間管理職が多くいるのが実態です。逆に、経験豊富でスキルの高い中途採用社員は、どう扱っていいかわからない……と尻込みします。採用面接でも「オーバースペック」ということでお断りすることもよくあります。オーバースペックでも会社が提示した条件で来てくれるなら、本当は活躍してもらいたいところ。優秀な人材を活用する自信がないわけです。

もし、そんな文化があったら変えましょう。そのままでは会社全体として成長できません。新卒の社員をどこの部署に配属するかという問題があったとき、僕は「会社で最も優秀な人につける」ことを勧めます。こう言うと

「その優秀な人に仕事が集まるからですか？」
「優秀な人にもっと働いてもらうためですか？」

と聞かれますが、新卒社員を育てるためです。

ここでの「優秀」とは、会社のミッションに即した行動が卓越していることを指します。ミッション実現のために、会社が求める行動と考え方ができていることです。ですから、具体的にどんな人かは会社によって違いますが、「ミッションに即した仕事を自ら作り出せる人」であることでしょう。

その優秀な社員のもとでは、新卒社員も作業者になることなく、会社が求める行動と考え方を身に着けていくことができるはずです。そして、新卒社員たちが会社のカルチャーを作っていくのです。

マネージャーの仕事と役割を定義しなおす

ミッション、ビジョン、バリューが定義され、必要な人材像が明確になって、いい人材を採用できたとします。次に必要なのは、適切なマネジメントです。いくら採用がうまくいっても、現場でマネジメントできなければうまくいきません。十分に能力を発揮してもらうことができず、ミッション実現に向かうことができません。

たとえば、「柔軟に考えてチャレンジできる人」が重要だと考え、バリューとして定義していたとします。実際、そういう人を採用することができました。しかし、現場では歓迎されないことが現実にあるのです。

「それは前例がないから、ちょっと待って」

上司が、チャレンジを拒むような態度を見せてしまう……それでは、せっかくの人材が活躍できず、結局辞めてしまうことになるでしょう。現場でも「柔軟に考えてチャレンジできる人」が重要だと認識し、そういう教育ができるようになっていなければなりません。

そのためには、あらためてマネージャーの仕事や役割について定義することです。本来のマネージャーは、メンバーそれぞれに能力を発揮してもらい、チーム全体として目標を達成できるよう指揮する存在です。そのために、一定の権限が与えられています。

まず、会社のミッションにひもづいた部署としての目標を立てる。

その目標に向けて、メンバーの目標設定から評価を管理しながら、メンバーの成長を促す。

これを基本的な軸として、どういう仕事をするのかを定義します。

日本企業にはびこるプレイング・マネージャー問題

日本の企業に多い管理職は、プレイング・マネージャーです。2019年のリクルートワークス研究所による調査※では、管理職の約9割（87・3％）がプレイング・マネージャーであり、そのうち約

3割が仕事時間の50％以上をプレイング業務に割いていると答えています。

プレイヤーでありながら、チームのマネジメントをする――これが問題を複雑にしています。

スポーツを見れば、名プレイヤーが名監督になれるわけではなく、プレイヤーと監督は別の能力であることがよくわかります。仕事も同じです。プレイヤーとして優秀な人が、自動的にマネージャーになれるわけではありません。本当は、プレイヤーとして優秀ならプレイヤーとして活躍し、マネージャーとして優秀ならマネージャー業務に専念するほうがいいのです。

しかし、日本の企業では、単一のキャリアパスで「管理職になると給与が上がる」のが普通です。ですから、優秀なプレイヤーを課長に昇進させよう、部長に昇進させようとなります。

高度経済成長の頃は、それで問題ありませんでした。普通にやっていれば右肩上がりに成長できたので、プレイング・マネージャーがマネジメントをほぼしなくてもかまわなかったのです。ところが、今はそうではありません。どうすればチームが成長できるのか、しっかり考える必要があります。

僕は、全員がマネージャーになる必要はないと思っています。プレイヤーがスペシャリストとして昇格・昇進していく道もある、複線的なキャリアパスを設計すればいいのです。

- **マネージャー**＝組織や人を通して会社に価値貢献する人
- **スペシャリスト、エキスパート**＝専門性や知識を通して会社に価値貢献する人

たとえば、成績優秀な営業職の人が、マネージャーとなって部下を育て、チーム全体の営業力を上

げる方向にいくのではなく、営業職スペシャリストとして活躍できるようにします。マネージャーとスペシャリストに優劣はありません。それぞれの会社に合わせて、柔軟に設計すればいいと思います。

少なくとも、全員がマネージャーになっていくのであれば、その際にマネージャーとしての教育が必要です。マネジメントの考え方、マネージャーとして何を求めているのかといったことを、会社としてしっかり伝えなければなりません。

「仕事を教えてあげる」ではなく「目標に向けて手伝ってもらうためにどうするか」を考える

そして、プレイング・マネージャーであっても、本来のマネジメント業務に7~8割は使えるようにすべきでしょう。そうでないと、「自分はこう働いてきたから、おまえたちもやれ」と言うばかりになります。

かくいう僕も、マネージャーになりたての頃、まったくマネジメントができませんでした。「なんでこんなこともできないのか」と部下にイライラする日々。つい言葉がきつくなりました。僕は自分がもともと賢いタイプではなく人の倍努力するつもりでやってきたので、「部下ができないのは努力が足りないのだ」と思っていました。部下に仕事を「教えてあげる」必要があり、「部下に時間を奪

※ https://www.works-i.com/reseArch/works-report/item/pmgrjoBAssign2020.pdf

われている」と思っていました。典型的なダメ・プレイング・マネージャーです。

あるとき、まったくうまくいかないことに気づきました。表面上は僕を慕っているように見えた部下が、陰で「あの人の下で働きたくない」と言っていました。気づけば、異動していく部下が多いのです。何より、成果が出ない。僕1人なら10できるところ、チームでやったら10以上できなくてはおかしいのに、10を下回っている……。

愕然とした僕は、冷静になってチームを見渡してみました。メンバーは萎縮して、十分に力が発揮できていませんでした。それにイライラして、僕が自分で頑張ろうとする。でも時間がとれない。悪循環に陥っていたのです。

僕は考え方を変えました。


「僕1人なら10しかできないところを30や40にするために、チームみんなでやるんだ。部下たちは、そのために頑張ってくれる仲間なんだ」

「仕事を教えてあげる」ではなく、目標に向けて手伝ってもらうためにどうするかを考えるようになりました。プレイング・マネージャーであることに変わりはなかったのですが、メンバーと一緒にいる間はマネージャーに徹することにしました。メンバーの仕事を見て、声をかけ、相談にのります。できるだけフラフラして、ヒマそうに見せました。忙しそうな上司には声をかけにくいと思ったからです。自分の仕事は、メンバーがいないときにやりました。朝早く出社して早く帰り、家でおこなうなどしていました。

こうやって、考え方を変え、やり方を変えたことで、チームの生産性は大きく伸びました。あんなに「頑張っても成果が出ない」とストレスをためていたのに、むしろラクに成果が出るようになったのです。メンバーが育てば、マネージャーはラクになるのだと実感しました。

目標を現場レベルに落とし込む

マネージャーは、まず会社のミッションにひもづいた部門の目標をメンバーに伝える必要があります。情報を現場レベルに落とし込むのが、重要な仕事の1つです。部門の目標がすなわちマネージャーの目標であり、それをブレイクダウンしてメンバー個人の目標ができます。

マネージャーは部下の評価をすることも仕事ですが、そう考えると、マネージャー自身の評価は部下の評価以上にはならないことがわかります。部下たちが目標達成できるようにサポートするのがマネージャーの仕事です。きちんとサポートできた場合に、マネージャーは目標達成ができるのです。

たとえば、評価がS、A、B、Cとあったときに、部下にCをつけて、自分にSをつけるなどということはありえません。部下がCなら、目標達成させられなかったマネージャー自身もCということでしょう。しかし、部下に関係なく自分を評価している人を僕は何度も見たことがあります。目標設定の部分がそもそもおかしいのです。

図5

部門の目標をメンバー個人の目標にひもづける

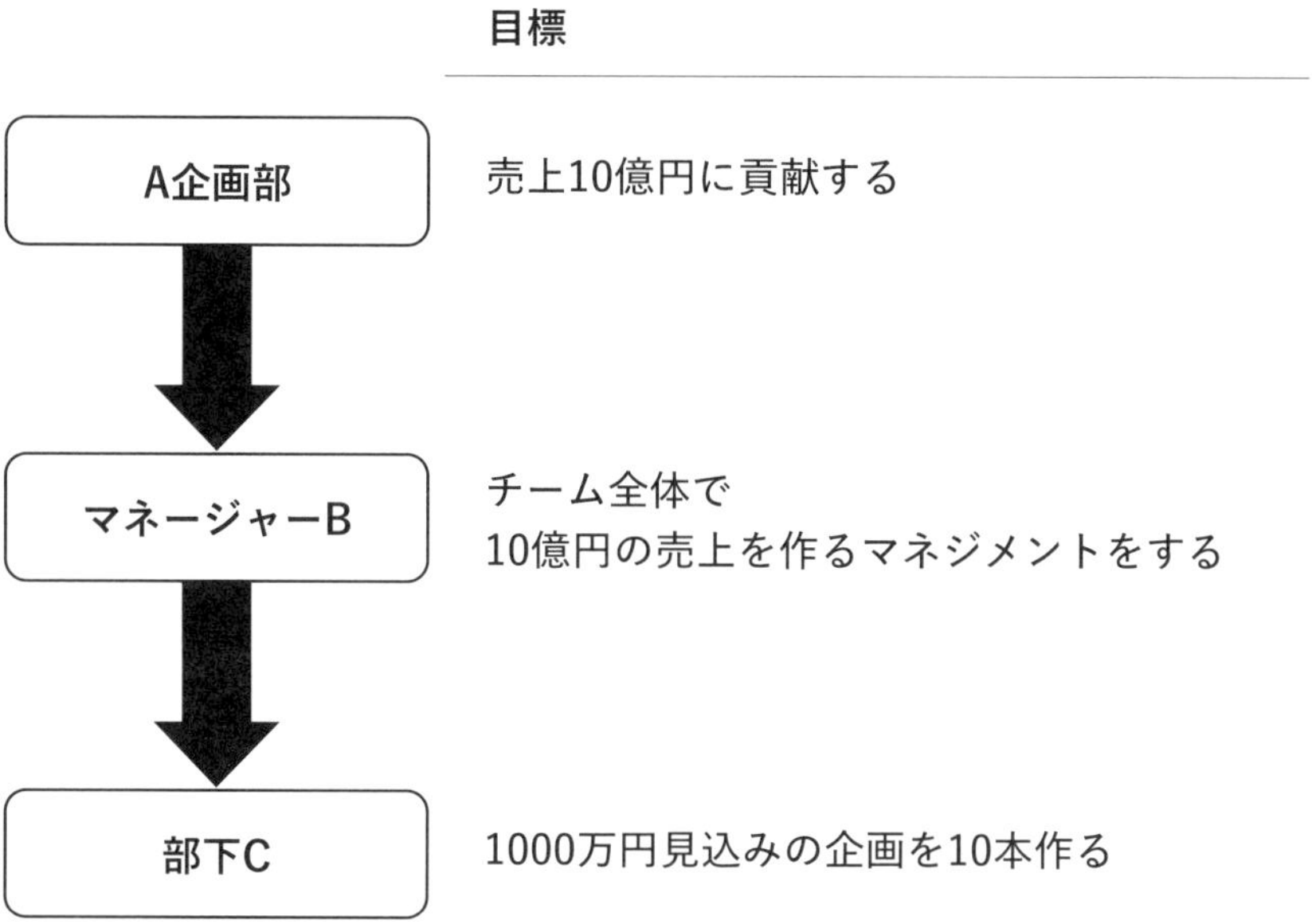
目標
A企画部
売上10億円に貢献する
マネージャーB
チーム全体で
10億円の売上を作るマネジメントをする
部下C
1000万円見込みの企画を10本作る

図6
ミッションから目標をブレイクダウンしていく

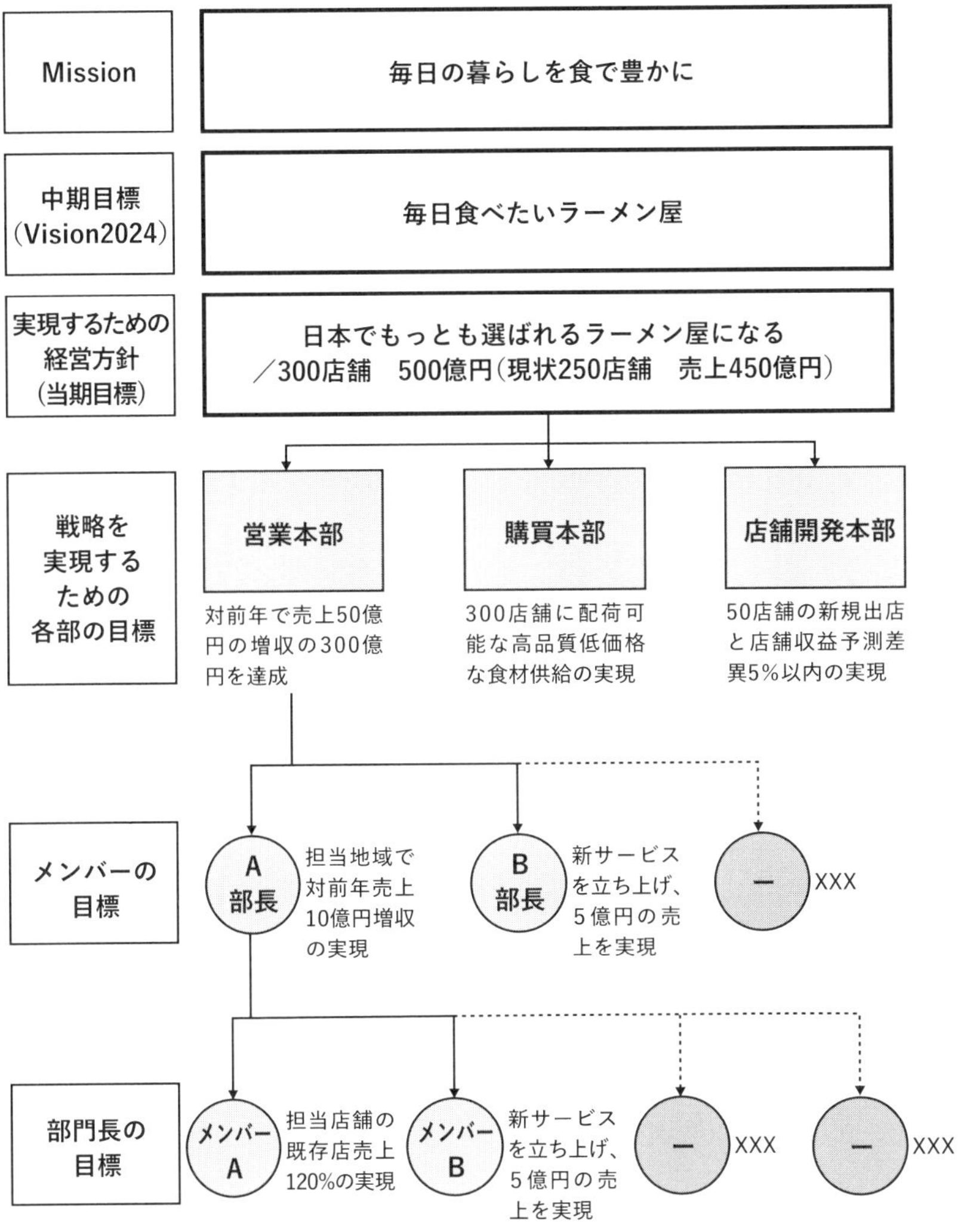
Mission
毎日の暮らしを食で豊かに
中期目標（Vision2024）
毎日食べたいラーメン屋
実現するための経営方針（当期目標）
日本でもっとも選ばれるラーメン屋になる
／300店舗　500億円（現状250店舗　売上450億円）
戦略を実現するための各部の目標
営業本部
対前年で売上50億円の増収の300億円を達成
購買本部
300店舗に配荷可能な高品質低価格な食材供給の実現
店舗開発本部
50店舗の新規出店と店舗収益予測差異5%以内の実現
メンバーの目標
A 部長
担当地域で対前年売上10億円増収の実現
B 部長
新サービスを立ち上げ、5億円の売上を実現
ー
XXX
部門長の目標
メンバーA
担当店舗の既存店売上120%の実現
メンバーB
新サービスを立ち上げ、5億円の売上を実現
ー
XXX
ー
XXX

- 会社のミッション
- ↑
- 部門（チーム）の目標
- ↑
- 管理者（マネージャー）の目標
- ↑
- メンバーの目標

この関係性で目標を設定しなければなりません。

いくら言っても伝わらない理由

正しく目標設定ができたら、それに向けて行動してもらう必要があります。マネージャーは、部下が行動できるように情報を伝え、指示を出したり、フィードバックをしたりするのが仕事です。もし部下が目標どおりに行動できていないなら、マネージャーの伝え方に問題があるのかもしれません。

ここで重要なのは、「伝える」と「伝わる」は別だということです。言ったつもり、伝えたつもりでも、相手に伝わっていなければ意味がありません。

「こういう資料を作って、会議の5日前に持ってきてほしい。前年の資料がどこどこに入っているから、それをベースに作れば早いよ。とりあえず見てから、わからないところがあったら聞いて」

そう伝えたのに、会議の5日前になって「前年の資料はどこに入っているんでしたっけ」と聞いてくる。「いや、今日は資料を完成させて持ってくるはずの日だろう！　もっと前に見て確認すべきだろうが！」とキレる上司……こんなことが起こるのも、伝わっていないからです。上司は、ちゃんとやるべきことを伝えたし、部下がわからなければ相談にのるつもりでした。はじめて作る資料で不安も多いだろうから、早めに確認して相談するように言ったつもりでした。ところが、部下はそのニュアンスを理解していません。別の仕事に集中していたので、上司の口ぶりからして前年の資料があればすぐにできそうだから後にしようと考えた結果、締切当日になってしまったのです。

上司は、「伝えたのにわかっていない」とイライラするでしょう。しかし、結果として伝わっていないのであれば、それは伝えたことにならないのです。

相手に伝わるように伝えるためには、工夫が必要になります。自分が言いたいように言うのでなく、相手の世界に合わせて話をすることです。これは、どっちの世界が正しい・正しくないというのとは別の話。1＋1＝1だと思い込んでいる人がいたとき、「いや、それはまちがっている。1＋1＝2でしかない」と正面から言っても伝わりません。その人は1＋1＝1の世界で生きているから、1が正解なのです。

では、1＋1＝1の人に、どうすれば「なるほど1＋1＝2という考え方もあるな」と思ってもらえるのか。そこを考えることこそが重要です。たとえば、相手が「仕事は今やっているものから順番に片づけていくべき」という価値観で生きているなら、次のような対応が考えられます。

- 「もちろんそれはまちがっていないけど、自分1人で完結しない仕事の場合はどうかな。相手に投げて、すぐに戻してもらえるとは限らないよね」という話をする
- 仕事の指示をするときに「今どんな仕事をしているの？　目標はこれこれだから、優先度の高い仕事はこっちだよ」と伝える

相手がどういう考えを持っているかを理解し、相手に合わせてコミュニケーションを変える必要があります。

……という前に、じつはもっと単純な「伝わらない理由」があります。伝わらない原因の多くは、そもそも伝える側が具体的にどうしてほしいかを明確に考えていないことにあります。

「前年の資料がどこどこにあるから、とりあえず見てから、わからなかったら聞いて」と言ったとき、じつはさほど相手の行動を明確に考えていないのです。結果が出なかったときに「指示したらすぐに前年の資料を確認して、疑問点や不安点を早めに相談してほしかったのに！」という不満が出ますが、伝えた時点ではなんとなく思っているくらいです。察しのいい人は理解して行動するかもしれません

が、伝わっていなくても不思議ではありません。相手にとってほしい行動を明確に考えていないから、明確に伝わらないわけです。多くの会社でミッション、ビジョン、バリューが明確になっていないのと同様です。

ですから、まずは部下にとってほしい行動を具体的にする。そのうえで、どうすればその部下が行動できるかを考えて、伝わるようにコミュニケーションを工夫することです。

COLUMN

マネージャーは聞く力をつけるのが大事

相手に伝わるように話ができる人は、聞く力があります。僕は伝える力と聞く力は共通するものだと考えています。聞く力がなければ、伝える力もないはずです。

「マネージャーが部下の行動につながるように伝える」という意味では、とくに聞く力がダイレクトに影響します。マネージャーは、聞く力を意識することが必要でしょう。

聞く力をつけるには、自分の思い込みを外す必要があります。「こうあるべき」「こうでないとおかしい」といった自分の考えにとらわれていると、相手の言葉が耳に入ってきません。いえ、耳には聞こえていても、きちんと理解することができず、捻じ曲げて受け取ったりします。聞いたことにならないのです。

僕は以前、自分は話すのがうまいと思っていましたが、部下たちに全然伝わっていなかったこ

とにショックを受け、徹底的に話を聞くことにしました。あれこれ言いたくなるのを抑えて部下の話を聞き、

「なぜこの部下はこう思ったのだろう」
「部下の言葉の本当の意味はどういうことだろう」

と考えるようにしました。すると、自分の世界観と部下の世界観が違うことに気づきます。それは当たり前なのです。生きてきた環境も経験も人それぞれで、同じ人なんていないわけですから。

それぞれに、思い込みのようなものがあります。いったん自分の思い込みを外すようにして「どういうことだろう」と話を聞いていると、いろいろ見えてきます。「なるほど、この人はこういうことを大事にしているんだな」とわかれば、それに沿って話ができるようになります。僕は聞く力をつけたことで、ようやく本当に伝えることができるようになりました。

話し方に自信のある人ほど、最初は忍耐がいると思います。部下がうまく話せなかったりすると「こういうことでしょ」と先回りして言いたくなりますが、上司が言葉をさえぎれば部下は何も言えなくなってしまいます。

仕事の指示をすること自体は、部下にどういう行動をとってほしいかが明確であれば、さほど難しいことではありません。ある程度ロジカルに説明できればいいとも言えます。ただ、ロジカ

ルに説明できただけで満足してはダメです。相手は機械ではないからです。論理的に説明することは大事ですが、相手の感情を無視したら、結局は行動につながりません。「言いたいことはわかるけどね」で終わってしまいます。感情を動かすことはとても大事です。

相手の感情を動かす伝え方をするには、相手のことを知っていなければ難しい。マネージャーは、部下に情報を伝えて行動させなければなりませんが、そのためには聞く力が非常に重要であるわけです。

月に1回の1on1ミーティングより、1日5分の声かけ

マネージャーが部下の状況を把握するために、個別に話を聞く機会を設けることがよくあります。多くの企業で取り入れられているのが、週に1回、月に1回の1on1ミーティング。上司と部下が1対1で定期的に話をする時間を設定し、部下がいまやっている仕事や困っていることなどを聞くわけです。この時間が決められていることにより、部下は相談しやすいと感じたり、上司が自分を見てくれているように感じたりする効果があります。会社の環境によっては、この1on1ミーティングがうまく機能することも多いと思います。

ただ、本来のマネージャーの仕事を考えると、僕は1日5分でいいから毎日話をしたほうがいいと

思っています。

「あの件はどうだった？　困っていることがあれば相談にのるよ」

そんなふうに声をかけるのです。

僕はトリドールにいた頃、10数名のチームメンバーに毎日声をかけていました。

「とくに変わりありません。引き続きこの業務をやります」

「そうか、何か困ったら声かけて」

そうやってすぐに終わる日もあれば、

「じつはちょっと難しい問題があって相談したいんですけど……」

「じゃあ、ミーティングルームで話を聞こうか」

と時間をとって相談にのる日もあります。キャリアについての相談、人生相談になることもあります。何でも解決できるわけではありませんが、少なくとも話を聞いて一緒に考え、一緒に悩むことはできます。

これこそが、マネージャーの仕事だと思うのです。部下が目標に向かって幸せに力を発揮できるよう、支援すること。仕事の調整と部下の育成です。そのために時間を使い、コミュニケーションをとらなければなりません。

プレイング・マネージャーでマネージャー自身も仕事を抱えていると、部下の話を聞く時間をとるのが難しいように感じることもあるでしょう。しかし、かつての僕がそうだったように、「部下に時間を奪われる感覚」を持っていると「忙しいわりにチームとして成果が出ない沼」から抜け出ることができません。

部下の話を聞く時間はコストではなく、投資です。育成・教育にしっかり時間を使えば、マネージャーはラクになっていくはずなのです。

「もはや自分がいなくても、しっかり成果出せるようになってるじゃん」

そう気づくときがきっときます。

マネージャーの仕事は人を成長させること

マネージャーの仕事を楽しく思えない人もいます。それは、管理に目がいっているからかもしれません。部下の勤怠管理、仕事と進捗の管理。たしかに1つの仕事ではありますが、それ自体が目的ではありません。

また、マネージャーを「ポジション」だと思っていると、そのポジションが脅かされることが不安になります。たとえば、自分より仕事の成果を出している部下をよく思えなかったり、自分がヒマになることを恐れたりします。「自分は優秀だからマネージャーのポジションにいるのだ」と見せたいのです。

あらためて確認したいのですが、マネージャーの仕事は人を成長させることです。部下の成長ほどうれしいものはありません。

緊張しがちだった部下が、イキイキと仕事に向かうようになった。
これまでできなかったことができるようになった。
やや高い目標だと思っていたが、達成できた。

こういった1つ1つに喜びを感じられる仕事です。
こう考えると、とても楽しく幸せなことではないでしょうか。部下が育つほど、チームの生産性が上がります。自分の仕事が減ってラクになり、おかげで自分はもっと高度なことにも挑戦できるようになるのです。だから、僕はどんどん優秀な人に入ってきてほしいし、早く自分を超える人材になってほしいと思います。

会社のミッションに共感していて、そのミッション実現のために自分もメンバーもいるのだと考えれば、自然とそういう思考になれるはずです。

社内政治のない会社は成長しない

会社のミッションに共感している人が集まった組織であっても、いつも全員の意見が一致するわけではありません。むしろ、想いがあるからこそ、コンフリクト（対立）が起こります。まったくコンフリクトがないのは、細分化された自分の仕事だけに集中しており、「自分はこれでいいのだ」と思っている状態。周囲に対して勝手に忖度するので、対立や衝突は起きません。

何事もなく、平和に仕事ができるのはラクです。しかし、コンフリクトがなければ、新しいものやイノベーションは生まれません。大きく成長したいと思ったら、必ずコンフリクトを経験し、乗り越えなければならないのです。

じつは、そこで重要になるのが社内政治です。利害が相反するものを見つけたとき、真正面から対立することがないように、根回し・調整をするのです。これは持論ですが、会社の成長のためには社内政治が必要です。

社内政治というと、ネガティブなイメージを持つ人は多いかもしれません。ネガティブな意味を持つ社内政治は、「自分の利益のためだけに動き、調整する」ようなものでしょう。これは普通は嫌われます。ただ、たとえば自分のポジションを上げるために根回ししている人がいたとき、ポジションを上げたい背景があるはずです。会社のミッション実現のために、自分のポジションを上げる必要があると信じており、やっているのかもしれません。少なくとも僕は、「自分はこれでいい」と思っている人たちの集合体よりもいいと思っています。

社内政治が必要な理由はもう1つあります。10人いたら9人が反対するような提案にこそ、じつは素晴らしいものが紛れていることがあるからです。10人中10人が賛成するような提案をするなら、社内政治は不要です。ただ、全員が賛成するのは、すでにみんなが知っているか、想像できるということでしょう。

サントリー創業者の鳥居信治郎氏は、日本人の舌に合うワインを調合した「赤玉ポートワイン」を大ヒットさせたあと、今度は日本初の国産ウィスキー製造を発表し、全役員に反対されたといいます。当時の日本人はウィスキーになじみがなく、苦労していいウィスキーを作ることに成功したとしても売れないだろうというのです。フロンティアスピリットあふれる信治郎氏は、いくら反対されても押し切り、結果、大成功させました。サントリーウィスキー「角瓶」の誕生です。このように、ほとんどの人に反対されたものが大ヒットにつながった例はいくらでもあります。

会社の規模が大きくなってくると、経営者であっても鶴のひと声で組織を動かすわけにもいかず、根回しが必要になります。僕も、よく社長や上司に呼ばれて「これこれをやりたいのだけど、きっとみんなに反対されるから根回ししておいて」と頼まれたりしました。

ほとんどの人が反対しそうな提案を、どうしたら通すことができるか。だれから話をしていき、だれに協力してもらって進めるのがいいか。

論点がいくつか出てくるはずなので、それを整理して、丁寧にコミュニケーションしていくわけです。

まとめると、ミッション実現のために組織を動かしていく中で、コンフリクトは当然あります。それを社内政治によって調整しながら、諦めずに進むということです。自分の利益のためだけにおこなう根回しや、派閥争いなどはあまりいい結果にならないでしょう。

働き方を変える＝組織を変えるということ

2019年に働き方改革関連法案が一部実施され、2020年からはコロナ禍でのテレワーク推進などで働き方が大きく見直されるようになりました。これまでの画一的な採用と働き方から、多様なスタイルを受け入れる方向へ変化してきています。地方の人材を採用してテレワークで活躍してもらう、育児や介護で職場から離れる時間があってもテレワークなどを使ってフレキシブルに働けるようにするといったことから、リゾート地でリフレッシュしながら仕事をするワーケーションにも注目が集まっています。

こういった多様な働き方を積極的に取り入れていかなければ、企業は生き残れないという言い方がされることもあります。

「募集要項にテレワークありって書かないと、人が集まりませんかね……」

そんな相談を受けたこともあります。しかし、客寄せパンダ的にテレワークやワーケーションと書くのであれば、まったく意味がありません。それで人が集まったとしても、会社のミッションに共感し、ミッション実現に向けて行動してくれるでしょうか？　単純な効率ではなく、その働き方が本当にミッション実現に近づくものかを考える必要があります。

会社のミッションを実現するのは、人の集合体である組織です。そして、働き方と組織は切り離すことができません。働き方を変えるということは、組織が変わることでもあるのです。

たとえば、A社が「日本を元気に。」というミッションを掲げ、ITを活用し日本中の企業の販売支援をしているとします。その中で、「地方のいいものを世の中に伝えたい」という思いがあり、地方の企業のサポートをするために地域採用をしていたら、それはミッションにひもづいた組織づくりです。

一方、「なかなかデザイナーを採用できないから、地方の人材でリモートでOKとしたらいいんじゃないか」というのは、ミッションに関係ありません。ミッション実現のために必要な人材が地方にいたからというならいいですが、「本当に社員であるべきか」という問題もあるでしょう。当然ですが、働き方ありきではないのです。

COLUMN

執行役員制度は意味があるのか

執行役員制度は、もともと取締役会が担っている「経営監督」と「業務執行」の分離を目的として作られたものです。日本では1997年にソニー株式会社がはじめて導入しました。経営監督をおこなう取締役の人数を減らしてスリム化し、そのかわりに新たに作った業務執行側の幹部層が「執行役員」です。その後2000年代半ばごろまでに上場企業を中心にブームになり、導入が進みました。

つまり、もともとの執行役員制度の意味とは、業務執行においての最高責任を執行役員に移譲することで、取締役が経営監督に集中でき、コーポレートガバナンスがよくなるということです。ですから、この意味において執行役員制度はよく機能していると言えるでしょう。

ただ、執行役員制度が広まってからは、本来の意味からかけ離れた導入もよくおこなわれています。便利で聞こえのいい役職になっているのです。部長の上にもう1ランク作りたいから執行役員制度を導入しており、内実は「上級部長」のようなもの、という会社が多くあります。

執行役員は、「役員」とついていますが、会社法上の役員ではありません。企業内の役職なので、株主総会の決議を経る必要はなく、社内の人事によって選任します。ですから導入もしやすいですが、本来はその部署の業務執行の最高責任者。重い責任と、業務執行権を持つはずです。

とくに日本の場合、執行責任の範囲を細かく分けているのがまた難しいところです。細分化された事業部や組織の執行役員として責任の範囲が明確にはなっていますが、各事業部だけで執行できることには限りがあります。ほかの事業部のこともあわせて考えたり、連携したりできなければ、本来の意味での業務執行ができません。

ですから、執行役員制度を導入するなら、会社としてその目的をよく考え、執行責任の位置づけを明確にする必要があるでしょう。そのうえで導入しないと、単に「上級部長」を言い換えただけの役職になってしまいます。

第6章

評価を変える

「ミッションを起点に人を活かす仕組み」として最も影響力があるのが、評価制度です。ミッションの言葉を理解しただけではすぐに忘れてしまうのが人間ですが、評価の仕組みがあることで、継続的にミッションに向かうことができます。また、抽象的なミッションが具体的に自分ごとになるので、インパクトがあるのです。

ですから、ミッションを定義したら必ず着手したいのが、この評価制度の見直しです。ミッション実現に貢献した人、ミッション実現のための価値観・行動規範を持った人を正しく評価することで、社内のベクトルがそろいます。

正しい目標設定をしないと評価ができない

正しい評価をするためには、前提として、目標設定が正しくなければなりません。

ある大企業で、とある部長が部下である田中さんの評価をしました。田中さんは、期首に定めた目標を達成できたのでAをつけていました。ところが、その部長はBをつけました。部長が田中さんへのフィードバックの場で言ったのは次のようなことでした。

「本来キミに求められていることからすると、目標自体が低い。低い目標を達成しても仕方ないから、今期はBだ」

図7
目標設定アウトライン

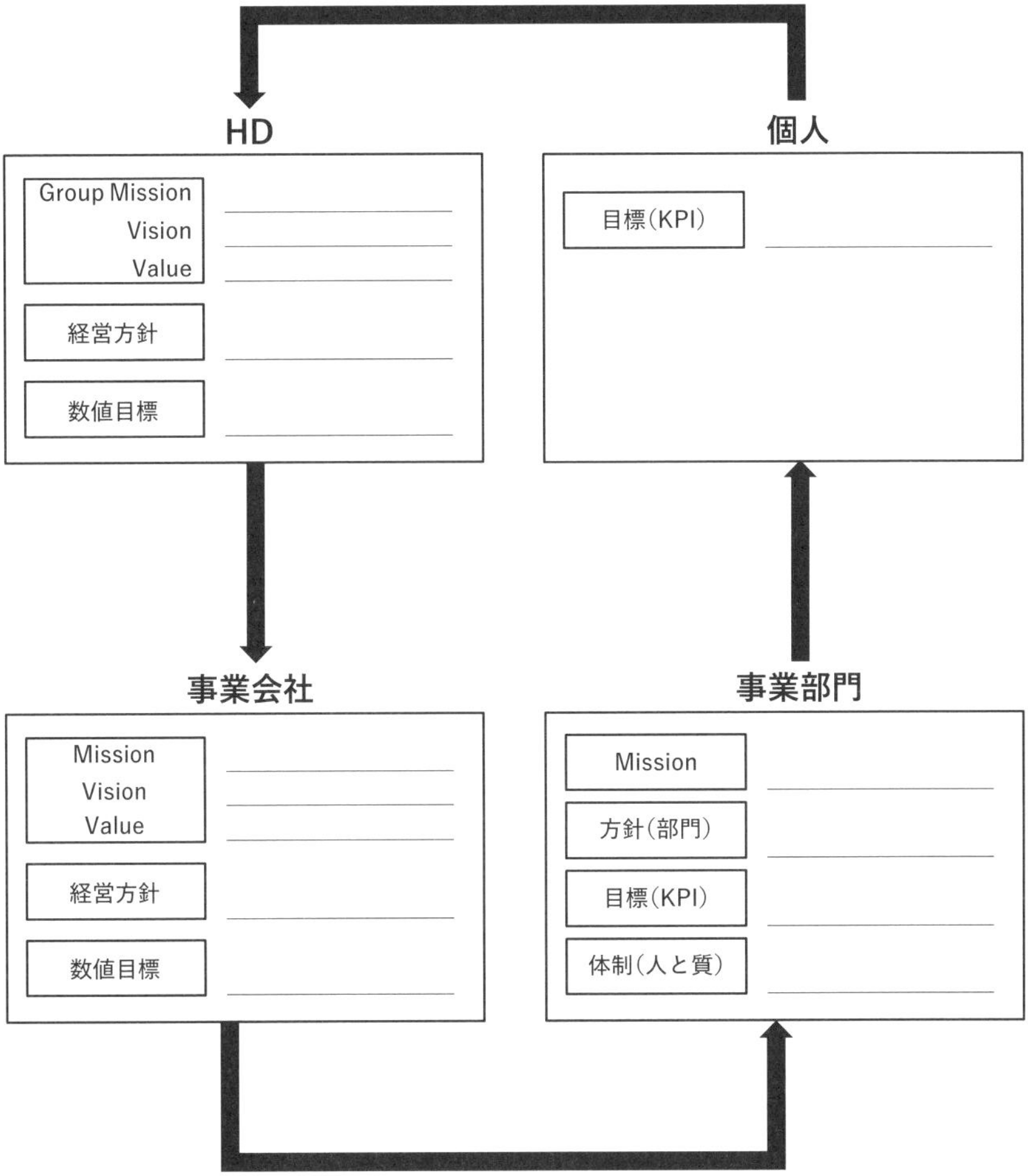

笑い話のようですが、実際にあったことです。田中さんが頑張ってきたこの1年間は何だったのでしょうか。田中さん自身が悲しい気持ちになるのはもちろん、会社としても大きな損失です。本来はもっとやるべきことがあり、会社のミッション実現に向けて動くことができたのに、そうできなかったわけです。田中さんは年収でいうと600万円の人でしたから、会社は600万円を無駄にしたことになります。

「目標が違った」というのは、本来あってはならないことです。評価をするためには、期首に正しい目標設定をしなくてはなりません。マネージャーはその目標設定と評価を軸に、部下を育成するのが仕事です。目標設定ができていなければ、どこに向かって仕事をすればいいのかわからず、評価もできず、したがってマネージャーは仕事をしていないことになります。

正しい目標設定とは、会社のミッションにひもづいた部門の目標を、個人に落とし込むかたちで設定することです。これが基本です。田中さんの場合は、田中さんのいる部門の目標を達成するため、ブレイクダウンして田中さんに割り当てて決めます。部長の目標は、部門の目標を達成することです。目標は、期首に設定します。4月から翌年3月までを1つの期としている会社なら、4月中に設定します。ところが、日常の業務に忙殺されてなのか、きちんと目標を決めないままに走り続け、評価の時期になって慌てて目標を設定する会社すらあります。

じつは、僕も経験しました。上司に「今期の目標はどうしたらいいですか?」と聞いたら「今期にやったことが目標になるから」と言われ、目標を決めずに業務にあたりました。評価期間になって「目標には何と書いたらいいですか？」と聞いたら「今期にやったことを書いておいて」。そのとおりに書いたところ、目標達成率105％ということで、A評価をつけられました。当たり前です。やったことを目標にしているのですから。

「僕が1年間やったことは何だったのだろう……？」

いい評価だったとしても、腑に落ちませんでした。本当に会社に貢献できていたのか、そもそも何を求められているのか、釈然としません。これでは、会社のミッション実現は無理でしょう。社員が勝手にバラバラに動いていてうまくいくはずがありません。

ここで、一般的な評価のサイクルについて確認しておきましょう。

▼期首

- 経営方針の通知（ミッションに基づき、会社の経営方針が通知される）
- 部門目標設定（各部門長が議論のうえ部門別の目標を決め、人事が確認する）
- 個別目標設定（部門長と個人が対話しながら、個人の目標を決める）

▼中間期

- 中間評価（半期が終了したら、目標への進捗を確認し、前期分の評価をする）

期初

〈すり合わせ〉

✓今期の目標や期待役割を上司部下間ですり合わせを実施

期中

〈進捗・1on1での確認〉

✓部下は目標達成に向かい取り組みを実施

✓ 1 on1で進捗を確認しながら、上司は達成に向けて支援

期末

〈評価面談/フィードバック〉

✓期中の取り組みを振り返り、目標と期待の達成度合いを評価し伝える

図8

評価決定のプロセス

自己評価	自分でパフォーマンスを振り返る
一次評価	直属の上司が評価
二次評価（部内評価）	一次評価者の上司が評価 （複数人で部門内の甘辛を調整する場合もあり）
最終評価（評価会議）	役員が全社目線で調整のうえ、最終決定する
フィードバック	一次評価者が被評価者にフィードバックをおこない、 成長に向けアドバイス

▼**期末**

- 評価（目標達成の度合いから評価を決定する）

評価決定のプロセスは図のようになります。

評価制度は何のためにあるのか

評価の流れが決まっていても、目的をきちんと認識していないと、「作業」になってしまいます。評価のスケジュールに合わせて、とりあえず目標を書き、面談をし、AやBといった評価を決めるだけ。上司によって評価につけ方にも差があり、「とりあえずA評価をつける」ような甘い上司の人気が出ます。悪者になりたくないので、「いい評価をつけたいから、目標を低めに設定しておこう」と促す人もいます。いい評価をつけるための目標を決めるとは、本末転倒もはなはだしいのですが、実際そんなことがまかり通っています。

評価の目的とは何でしょうか。

ここまで読んでくださっているあなたなら、おわかりでしょう。ミッションを実現することです。会社のミッションを実現するために、社員1人1人に行動してもらう必要があります。今期の1人

1人の目標が達成されれば、会社の目標も達成されます。それを続けることで、ミッションが実現されるのです。

目標が大事なのはもちろん、それがどの程度達成できたのか確認することは非常に重要です。達成できなければ、何をどうすれば達成できるか検討しなければなりません。達成できたなら、次はもっと高い目標を設定することができます。さらにミッション実現に近づくための目標を検討します。

このために評価があるのです。評価の結果、給与、昇格・昇進に反映されることに注目がいきがちですが、それは目的ではありません。処遇も、社員が目標に向かって頑張れるようにする仕組みの1つです。

評価制度こそが人材開発制度になる

会社にとって、社員の育成は重要な要素です。「社員教育に力を入れている」「研修制度を充実させている」という会社は多いです。しかし、評価制度はどうでしょうか。評価制度をおざなりにしていては、立派な社員教育も砂上の楼閣です。僕は、評価制度こそが人材開発制度だと思っています。

評価制度では、まず個別の目標を決めます。そして、その目標を達成するためにどうすればいいか、上司にフィードバックをもらいながら日々の仕事に向かいます。現実の仕事で成功したり失敗したりする中で、リアルな学びがあるでしょう。さらには、評価が給与などの具体的報酬にも結びつきます。

このサイクルによって、どんな研修より成長するはずなのです。

組織の中での目標ですから、達成に向かっては支援が必要になります。社員によって必要な支援は違うでしょう。評価のサイクルの中で、個別具体的に必要な支援を見つけることができます。

とくにプレイング・マネージャーにとっては、評価が「時間がとられる、気の重い作業」になっていることがあります。しかし、部下を育成するのに最も効果の高いものだと考えれば、気持ちも変わるのではないでしょうか。部下が成長すればするほど、自分はラクになります。

マネージャーが評価を作業にしてしまう責任の一端は、会社にあります。会社は、評価をおこなう管理者に対して、目的を十分に伝えなければなりません。会社にとって、社員が安心安全に働ける環境を用意することだけでなく、1人1人目標達成できるよう支援することは責務です。

パフォーマンスとバリューの2軸で評価する

経営学者ピーター・ドラッカーは、1950年代にMBO（目標管理制度）というマネジメント手法を提唱しました。部門の目標を達成するため、社員が自分で目標を設定し、その達成度合いで評価されるという仕組みです。日本では、1990年代後半から広がりました。背景には、バブルが崩壊し、成果主義に注目が集まったことがあります。

それまでは、日本独自の「職能資格制度」がメインであり、勤続年数の長い社員が優遇される風潮がありました。職能資格制度は、成果というより個人の職務遂行能力によって処遇を決める制度です。経験が長いということは職務遂行能力が高いと判断され、評価が高くなり、給与も高くなったわけです。高度経済成長期はそれでよかったのですが、バブル崩壊後は検討せざるをえなくなりました。成果を出している社員を正当に評価しなければ、社員のモチベーションは下がります。勤務年数が長いだけで、成果に関係なく人件費が増加するのも、企業にとって頭の痛い問題になったのです。

ＭＢＯは、今期の目標の達成度合いで評価します。部門の目標を達成するためにどんな貢献ができるのか。本人が考えて目標設定をするのが特徴です。強制された目標ではなく、自分で決めた目標であることで、自主性やモチベーションを向上させることができるのです。

ＭＢＯは、現在8割以上の企業が導入しているといわれていますが、ＭＢＯを導入するだけではうまくいきません。パフォーマンスのみで評価するのであれば、会社や上司がどのような仕事をアサインするかによって、どうしても差ができてしまうからです。

もう1つ必要な評価軸は、会社が求める働き方ができているか。すなわち、ミッション・ビジョン・バリューの「バリュー」による評価です。バリューを評価できるよう、等級や役割に応じて具体的な基準を定め、「コンピテンシー（能力・行動特性）」を定義します。

たとえばトリドールでは、５つのバリュー「①Customer Oriented、②Take Risk for Growth、③Take Ownership、④Diversity and Respect、⑤Flexibility for Success」それぞれに対し、等級に応じたコンピテンシーを定義しました。Customer Oriented（お客様視点で考え行動し、すべてにおいて質にこだわる）であれば、「顧客のニーズ把握」が1つの要素です。これを等級によって「自業務に関わる顧客ニーズを把握する」などの基準を作ることにより、パフォーマンスとは別に、日々の仕事の中でミッション・ビジョン・バリューを意識・体現していることを評価の軸にできます。

9ブロックで処遇や配置を決める

ミッションをベースにした目標達成度とバリューとで評価する手段として、9ブロックがあります。パフォーマンスとコンピテンシーの2つの軸で評価し、評価のランクをそれぞれA～Cとすると、9つのブロックができます。この9つのブロック上に社員1人1人をプロットして人材を見える化し、配置や処遇、必要な支援などを検討できるのがいいところです。

これで見ると要注意なのは、パフォーマンスA×コンピテンシーCの人です。成果は上げていますが、会社の文化に合っていないことがわかります。不満分子になりやすく、会社に反発する可能性があります。一方、パフォーマンスC×コンピテンシーAの人は、会社の求める行動をとっているものの成果が出ていないわけですから、部門や役割が合っていないのかもしれません。

評価を処遇に反映するのは当たり前ですが、もっと大事なのは、これらの人材に対し、配置も含めてどう支援していくかです。各部門の中でも、メンバーがどういう状態で何を課題にしているかがわかり、育成の方向性が見えるでしょう。このように、ミッションをベースにした目標達成度と、バリューとで評価する9ブロックは、非常にわかりやすいツールだと思います。

図9

9ブロック

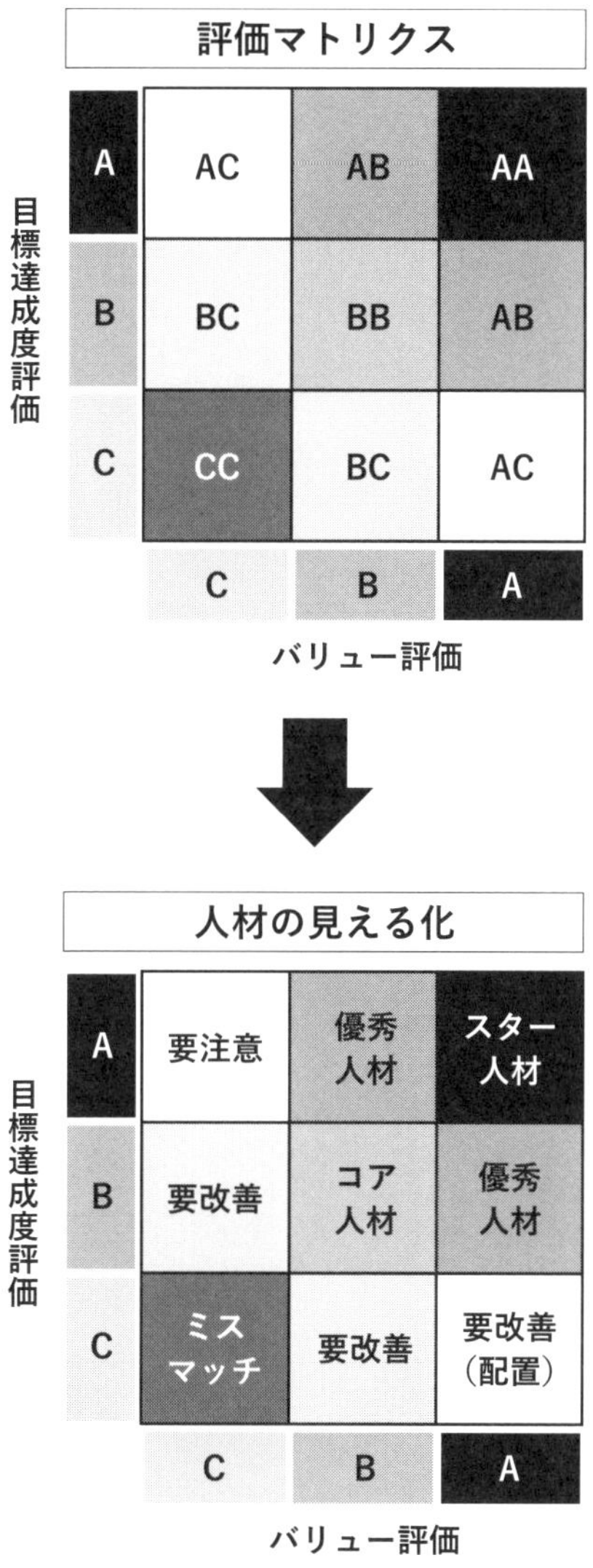
評価マトリクス
目標達成度評価
A
B
C
AC
AB
AA
BC
BB
AB
CC
BC
AC
C
B
A
バリュー評価
人材の見える化
目標達成度評価
A
B
C
要注意
優秀人材
スター人材
要改善
コア人材
優秀人材
ミスマッチ
要改善
要改善（配置）
C
B
A
バリュー評価

この9ブロックによる人事評価ツールを開発したのは、アメリカのGE（General Electric）社です。GE社は2016年に9ブロックをやめてしまいましたが、これをベースにした評価手法は多くの企業で引き続き取り入れられています。

現状の課題を解決する評価制度に変える

評価制度やツールにもトレンドがあります。「これが最新の評価ツールですよ」「こっちが流行りですよ」などと煽られることもあります。とくに有名企業が導入しているツールに注目が集まりますが、真似して取り入れる際にはそのツールの背景や目的をよく理解することが大事です。

真似すること自体はいいのです。すでにあるいいものを真似すれば、一から作るよりはるかに効率的です。ただ、会社によってミッションが違うわけですから、ほかの会社のやり方が同じようにうまくいくとは限りません。そしてもちろん、会社に合わせてアレンジする必要があります。ほかの会社の評価制度がそのまま使えるわけではありません。

「うちの会社のミッションを実現するためには、どのような評価制度にするべきか？」

すべてはそこから始まります。

図10
ミッションと現状の差

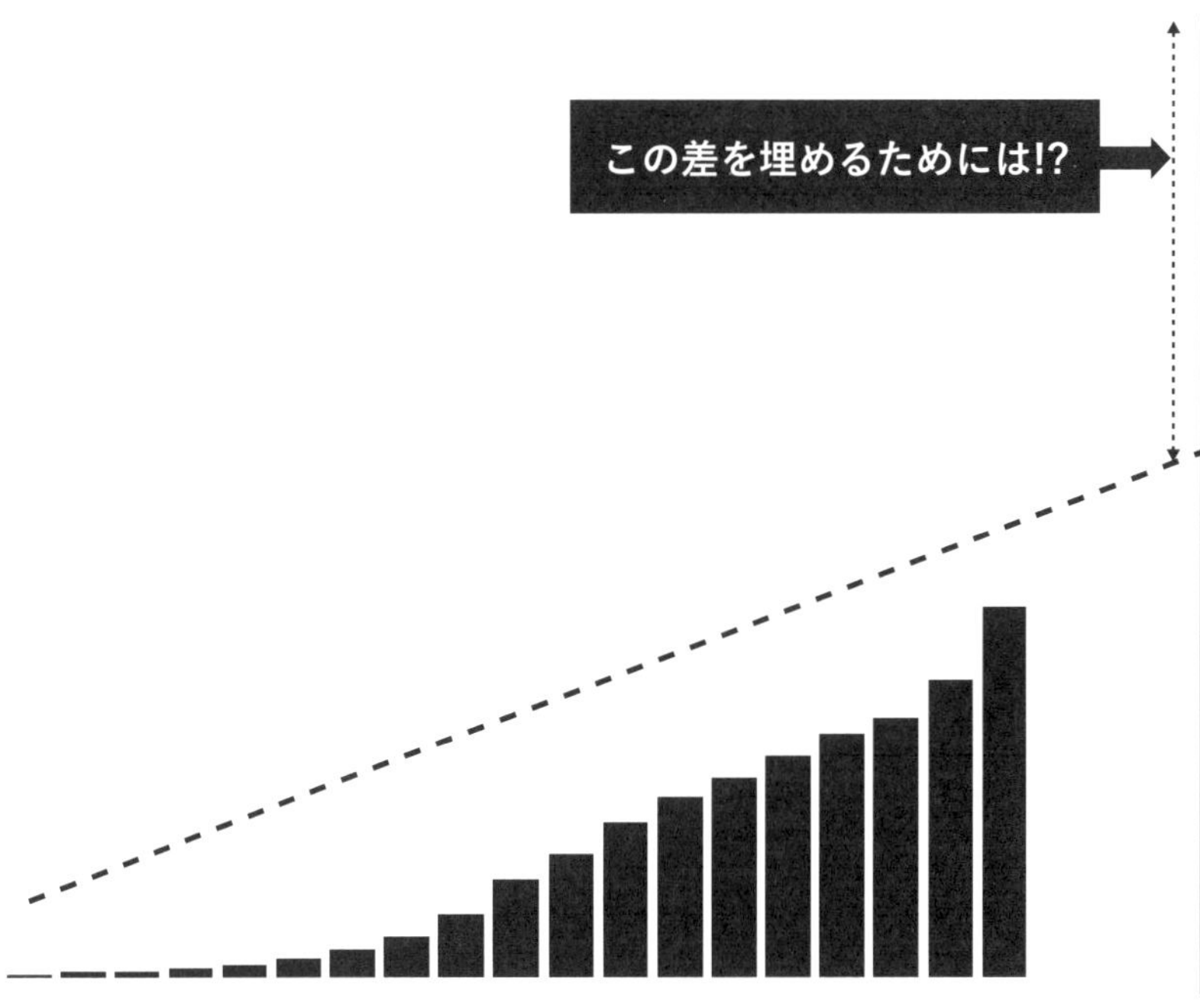

ミッションに向けた現状の課題を認識し、それを解決する評価制度を考えることが大事です。「こういう評価制度であるべきだ」という方針が出たのちに、ツールや手法を他社の例から持ってきてアレンジすればいいのです。

ここで1つの事例として、トリドールの評価制度の背景をお話しします。僕が入社した頃、トリドールはこれまでの成長曲線上にない成長を目標にしていました。だからこそミッションを再定義し、ビジョン、バリューを作っていったことは、すでにお話ししたとおりです。

再定義したミッションに向かい、実現するためにはどうするべきか。僕は、人を軸に成長を考えるしかないと思っていました。トリドールは、丸亀製麺を中心とした飲食業の会社(ホールディングス)です。新商品を開発するよりも、お客様への接遇のほうが成長につながります。とくに人の成長がダイレクトに会社の成長になる業態なのです。

人の成長を加速させるにはどうしたらいいか。やりがいのある仕事を提供したり、成果にきちんと報いたりする「働きがいを高める仕組み」を作ることが重要です。それが社員のモチベーション・パフォーマンスを向上させ、会社の成長につながります。そして、会社が成長して利益が増加すれば、報酬の原資が増え、さらに働きがいを高めることができます。このサイクルをぐるぐる回していくことが重要だと考えました。

働きがいを高めると考えると、現状の課題が明確になりました。たとえば、それまでのトリドールの一部では、長時間働く人が評価される風潮がありました。残業している人は「よく働いている」と思われ、上司より早く帰るのは気が引ける雰囲気がありました。また、頑張って成果を出しても給与に反映される額が少なかったり、もともとの目標が低ければクリアできて評価されるということが起こっていました。120%にチャレンジして110%できた人より、80%を目指して90%できた人のほうが評価されていたのです。これらの問題は多くの企業に共通していることでしたが、トリドールでもそうだったわけです。

これでは「頑張ってもたいして意味がないし、自分の成長につながらない」と感じてもおかしくありません。もっと1人1人の成長に向き合いサポートすること、生産性の高い働き方を追求すること、チャレンジを引き出してチャレンジに報いることが必要だと考えました。

そこで、評価制度を大きく変えました。課長・部長といった職位等級ではなく、役割に応じてグレードを作り、評価の軸にバリューを加えました。バリューを役割に合わせてブレイクダウンしてコンピテンシーを定義し、9ブロックで処遇を決めていくことにしました。

同時に、さまざまな仕事にチャレンジできるよう、グループ横断で人員を配置できる仕組みや、フリーアドレスやリモートワークなどの自由な働き方を通じて生産性高く働き成果を追求できる仕組みを入れていきました。細かい部分はもっといろいろあるのですが、すべてはミッション実現に向け、人を軸とした成長を加速させていくためです。

繰り返しになりますが、「うちの会社のミッションを実現するためには、どのような評価制度にするべきか」からスタートします。基本的に、これは社内の人でないと考えることができません。外部のコンサルタントに丸投げしないことです。コンサルタントは緻密な制度設計をすることはできますが、目的があやふやなままでは本当に使える制度にならないのです。

フィードバックこそが重要

評価決定のプロセスの中で、とくに大事なのがフィードバックです。今期の佐藤さんの評価がAなのかBなのか以上に、

- なぜBなのか
- 次はどうしたらAになれるのか

を説明しなければなりません。

ところが、このフィードバックをまともにやっている会社は少ないと感じています。

説明をするべき人は、佐藤さん直属の上司。一次評価を直属の上司である竹田部長がおこない、次に役員の高橋本部長が二次評価をおこなって決定する場合、一次評価をおこなった竹田部長が説明をします。

今期、次のような評価だったとしましょう。

- 佐藤さん自身の振り返り　→　A

- 竹田部長による一次評価　→　A
- 高橋本部長による二次評価（決定）　→　B

最悪なのは、佐藤さんの評価が最終的にどうなったのかを上司の竹田部長が知らないこと。「私はAをつけたけど、その後どうなったのかは知らない」というケースです。フィードバックしようがありませんし、チームとしてやってきたことと会社の方向性が合っているのかズレているのかもよくわかりません。

それと同じくらいダメなパターンはこうです。

「いや、私はAと書いたんだけどね。高橋本部長がBってつけたからBになっちゃったんだよ」

竹田部長は、結果を伝えるのみ（しかも言い訳がましい）。そう言われた佐藤さんは、何をどう頑張ればいいのかわかりません。

竹田部長は、佐藤さんの評価がなぜBになったのかを把握する必要があります。不明なのであれば、高橋本部長に説明を求めるべきです。そして、会社のミッション実現を一番に考えたとき、目標自体がずれていた、やり方にまずいところがあったなど改善点を見つけて、それを伝えなければなりません。

「佐藤さんは一生懸命やってくれたし、私はA評価だと思った。でもB評価になってしまったのは、私自身、組織全体のすり合わせが足りなかったからだ。申し訳ない。今回足りなかったのはこういうところだとわかったから、次はこのポイントで目標を設定できればと思う」

そんなふうに話ができるはずです。僕はそうしていました。

最終的な評価がよかった場合も同じです。「A評価だから文句ないだろう」と、何もフィードバックしないのは、やはりよくありません。

- どういうところがよかったのか
- 次もA評価になるにはどうすればいいのか

それを伝えることが必要です。

1on1シートに記録していれば評価もフィードバックもすぐに終わる

評価もフィードバックも、日ごろ部下をよく見ていれば大変なことではありません。もちろん対象者の人数が多ければ、それだけ時間が必要になります。しかし、1人1人に長時間かかるわけではな

図11

1on1シート

評価対象期間	2022年4月～ 2023年3月	所属	○○部門 ○○部○○課	部門コード	1111111				
社員コード	2222222	等級	AA	氏名	△△　△△	一次評価者名	□□　□□	二次評価者名	□□　□□

←期初に設定した目標を記載→

			10月1日		11月1日	
テーマ	指標/具体的な成果（期待する水準）	目標達成に向けたアクション	本人記入欄	上司記入欄	本人記入欄	上司記入欄
目標1						
目標2						
コンピテンシー						
評価項目（自動入力）	評価定義（自動入力）	本人に対する期待				
Value 1						
Value 2						
Value 3						
Value 4						
Value 5						
その他（ワークライフバランス等、伝えておきたいこと）						

本人：各目標の進捗、期限、課題など
上司：今後の進め方やアドバイスなど

本人：コンピテンシーに関する気づきなど
上司：コンピテンシーの現在の発揮度合や今後のアドバイスなど

業務内外問わず、上司部下間で会話すべき内容があれば記載いでしょう。

「評価に時間がかかって大変」と嘆く人は、部下1人1人の仕事を思い出しながら評価の理屈をつけるのに時間を使っているのではないでしょうか。前章で「マネージャーは1日5分でもいいから個別に声かけをするのがいい」という話をしましたが、それとは別に、評価制度の中の1つの仕組みとして1on1ミーティングをおこない、記録をつけるとスムーズです。

トリドールの評価制度を作ったときには、一緒に「1on1シート」も作成しました。毎週または隔週に1度個別にミーティングをおこない、各目標に対する進捗や今後へのアドバイスなどを記録していきます。この記録があれば、評価時に振り返るのはかんたんです。評価後のフィードバックも、「年に一度の大イベント」ではなく、いつもの流れでできます。毎週のように進捗報告をし、アドバイスを受けていた本人にとっても、非常に納得感のある評価ができるわけです。

前向きになれるフィードバックを

フィードバックでは、厳しい指摘をしなくてはならないこともあります。目標達成に向けて足りていないところ、失敗した点などしっかり伝えて、成長を促していかなければなりません。ただ、そのときの伝え方に悩むこともあるでしょう。「成功するフィードバック法」などというものはないのです。ほめられてやる気になる人もいれば、厳しく言われてモチベーションが上がる人もいます。すぐに意図を理解する人もいれば、丁寧に説明しないと納得できない人もいます。相手に合わせて伝え方を考えるしかありません。

少なくとも意識したいのは、「前向きになれるように伝える」ことです。反省を促したときも、

「それはあなたにこういうことを期待しているから」

「こういう部分は評価しているから、頑張ってほしいと思っている」

という言葉を加えます。ただ反省させたり、できなかった理由を詰めたりしても、その後いい結果につながらなければ意味がありません。「よし、またこれから頑張ろう」と思える空気でミーティングを終わらせることが大事です。お互いに気持ちよく仕事に向かうことができます。

そういう意味では、僕は昔からフィードバックに時間を使うタイプでした。時間をかけても、前向きになれるようにしたほうがいいと考えていたからです。日ごろから個別に声をかけて相談にのり、さらにフィードバックにも時間をかけていたわけですが、そのおかげでチームの生産性が向上したと思っています。

COLUMN

「やりたい仕事」はどんどん任せる

仕事は大きく「やりたいこと」「やるべきこと」に分けることができます。このバランスがいいほど、ストレスは少なく、パフォーマンス高く仕事をすることができます。理想は「やりたいこと」を多め。「やりたいこと」で「やるべきこと」をはさむことができ、最も生産性が上がるのです。

目標設定の面談のとき、部下に対して僕はまず「やりたいこと」を聞くようにしていました。そして、本人がやりたいというのであれば、能力値にかかわらずどんどんやってもらいます。できなくても、マネージャーとして僕がフォローするし、責任をとります。ただし、中途半端にしたら叱ります。「自分がやりたいと言ったんだから本気でやれ」ということです。

目標設定の際は、やりたいことを聞くと同時に「やるべきこと」の説明をします。個人の目標は部門別の目標をブレイクダウンしたものであり、会社として、部門として期待していることがあります。なぜそれをやらなければならないのか、それをやることで会社はどういう状態になっていくのかを説明するのです。

やりたいことにノーと言わず、チャレンジを応援する姿勢は、じつは僕は母親から学びました。僕の母親は、僕がやりたいと言ったことは何でもやらせてくれました。ダメと言われたことは一度もありません。何でもやってみなければわからないし、チャレンジすることで人の可能性は広がると思っていたのです。お金がかかる習い事でもスポーツでもゲームでも、何でもやらせてくれました。

ただし、途中でやめることになった場合は、その理由をきちんと説明することが求められました。

「できると思っていたけど、実際にやってみたら難しかった」

「別のことにもっと力を入れたくなったので、これをやる時間がなくなってしまった」

そんな理由でいいのですが、自分で説明しなければなりません。

「自分で始めたことに責任を持ちなさい」というメッセージが込められていたのでしょう。このルールがあることで、やりたいと思ったことも「本当に続けられるかな?」と自分で考えるようになりました。何でもチャレンジさせてくれた母親にはとても感謝しています。

会社でのマネジメントも同じだと思うのです。まず「この仕事をやりたい」と言えることが大事です。実際にできた・できないに関わらず、本気で取り組むことで大きく成長します。マネージャーは、目標達成に向けてできる限りサポートをしたいものです。

公平性よりも透明性

「評価制度は公平であることが大事だ」とよく言われます。甘い上司につけば評価が甘くなって処遇がよくなり、厳しい上司につけばなかなか評価されないということがあっては、公平でありません。社員のモチベーションに関わりますから、できる限り公平性を保った評価をするべきです。

そのためには、まず設定した目標に差がないかチェックする必要があります。部門を超えてチェックすることになるので、人事か役員がおこないます。評価決定の際も、直属の上司がつけた評価が適正か確認し、部門間の調整をして、役員が最終的な評価を決めます。公平な評価をするためです。

できる限り公平性を保つ仕組みを用意したうえで、最終的に生じる不公平感は仕方ありません。だれにとっても公平な評価は不可能です。基本的には会社のミッションにマッチしているかどうかで判断しますから、ミッションに合った特定の人が優遇されていると感じることもあるでしょう。たとえば、男性と女性で同じ成果を出しているのに女性のほうが評価が高くなるといったことがあれば、不公平です。しかし、会社のミッションの中に「女性の活躍」があるなら、それもやむをえないでしょう。

また、同じ成果を出しているのに、声が大きく目立つ人が評価されやすいといった不公平感もあると思います。これも、感情のある人間が評価する以上、仕方ない面もあります。

ですから、最後はアンフェアでもかまわないので、評価に透明性があることが大事です。

「なぜこの目標になり、この評価になり、この処遇になったのか」

それがだれからもわかるようになっていることです。どこかがブラックボックスになっていると、不公平感が強まります。

その意味でも、評価制度についてすべての社員によく説明すること、評価のフィードバックを丁寧におこなうことが重要なのです。

タバコ部屋での議論をなくす

細かい話になりますが、透明性を守るためには、タバコ部屋での議論はなくさなければなりません。タバコ部屋に集まる面々が、部門や世代を超えて仲よくなるのはよくあることです。喫煙者コミュニティができる一方、非喫煙者は疎外感を感じることも多いようです。

一番問題なのは、タバコ部屋で大事な情報共有、議論や意思決定がおこなわれることです。僕が新卒で入社した会社も、タバコ部屋にはよく偉い人が集まって議論していました。そこでいろいろなことが決まっていくのです。若手社員でもタバコを吸う人はその輪に入れますが、タバコを吸わない僕は入れません。タバコを吸う吸わないといった仕事に関係のない嗜好が、実際は仕事に関係する……。前日の会議で出た内容がタバコ部屋での会話で変わっていることもあります。「これはおかしくないか?」と思っていました。ともすれば、タバコ部屋で気に入られた人の評価が高くなるのです。透明性どころではありません。

議論や意思決定は、オープンな場所でおこなうべきです。これはもちろん、タバコ部屋に限りません。お酒の場でもそうです。業務時間外に排他的な場所や密室でおこなうのはよくないということです。

近年は喫煙者も減っており、法律でオフィスの屋内禁煙が禁止されています。とはいえ、一定のルールのもと喫煙所を設けることはできるので、いまだに「タバコ部屋での議論」はあります。雑談の流れから重要な話になった場合は「続きは会議でやりましょう」「オフィスに戻ってほかのメンバーも入れてやりましょう」などと言って切り上げ、オープンな場でおこなうのがいいでしょう。

では、社内政治はどうかというと、これもあまり適していません。たまたま居合わせた人に話をすることになれば、根回し・調整の意味がなくなります。

COLUMN

「責任とって辞めます」は意味がない

「このプロジェクト、もしうまくいかなかったら責任とって辞めるんで、やらせてください」

そんなふうに「責任をとって辞める」と言う人がときどきいます。なんだかカッコよく聞こえます。しかし、実際は何もカッコよくありません。失敗したから辞めるというのは、逃げているだけ。責任をとっていることにならないのです。

失敗した後にするべきことは何でしょうか。僕は、失敗した経緯をきちんと共有し、社内で同じ失敗を繰り返さないように整えることだと思います。そもそも、新しいことに挑戦したら、9割は失敗するのが当たり前です。ことわざにも「失敗は成功の母」とあるとおり、失敗の経験を活かしてまた挑戦し続けるからこそ、成功にたどりつけます。失敗の経験だって、財産なのです。「失敗したら去る」というのでは、いつまでたってもその財産が貯まっていきません。

「失敗は振り返りたくないし、共有したくない」と思うかもしれませんが、それでは成長できません。チームとして成長していくには、失敗を許容する文化がなければならないでしょう。成功体験よりむしろ失敗体験の共有を大切にすることです。

そんなわけで、マネージャーが言えるカッコいい言葉はこうです。

「失敗してもいい。ただ、真剣にやってほしい。真剣にやって失敗したなら、私が責任をとろう」

こう言われた部下は、「失敗したら辞める」覚悟を持つよりも、よほど頑張ろうと思うでしょう。マネージャーは仕事を部下に任せつつ、失敗のリスクを抑えるためフォローをします。次善の策やリカバー法を考えておくのもその1つです。失敗してしまったら、きちんとフィードバックし、次に成功するためにどうするかを一緒に考えます。ほかのメンバーに情報共有し、失敗を避けるための策を講じます。

失敗した部下の評価が低くなった場合、それはマネージャーの責任であり、マネージャーの評価も低くなるでしょう。それは仕方ありません。次期に向けてまた目標を決め、チャレンジしていくことです。失敗した人にもどんどん次の機会を与えることが大事です。

第7章

人事を変える、
経営を変える

企業の経営資源「ヒト、モノ、カネ、情報」の中で、最も重要なものを挙げろと言われれば「ヒト」だと答えます。

会社とは、ある目的のもとに人が集まってできた組織。人がいなければ何もできません。モノ、カネ、情報はお金を使って（借金するなどして）なんとかなっても、人だけはそういうわけにいかないのです。「高い給料を払えば活躍してくれる」という単純なものではありません。人には感情があるからです。会社に魅力がなければ、いずれ去るでしょう。

その最も重要な経営資源である「ヒト」に携わるのが人事です。ミッション実現に向けて、どういう人を採用し、配置し、活躍してもらうか。とても重要であり、やりがいのあるポジションです。

ここでは「人事制度を変える」という話にとどまらず、人事の意義を問い直し、経営についてあらためて考えてみます。

「人事は人ごと」になっていないか

人事とは、会社の財産である「人」に関する仕組み全般のことです。人事は「人」の「事」と書きます。会社は人の集合体ですから、すべての会社にとって重要なことです。

ところが、人事は意外と軽視されているように感じます。あえて厳しい言い方をすれば、人事は人の事というより「他人事」になっているのです。自分には関係のない人の事。評価が作業になってしまうのと同様に、給与計算や労務管理、採用活動なども作業になっているからでしょう。

人に関する仕組み全般をおこなうわけですから、人事の仕事は多岐に渡ります。人事制度といえば、「等級制度」「評価制度」「報酬制度」が柱。それに加えて、人材活用、教育、労務管理や、福利厚生も人事担当者の仕事となります。労働基準法をはじめ法律的な知識が必要ですし、社員の個人情報を管理することもあって分業化され、スペシャリスト化する傾向があります。給与計算のスペシャリスト、安全衛生のスペシャリスト、採用・教育のスペシャリスト……というように分かれるのです。

すると、それぞれの分野の知識や経験は豊富であるものの、いつのまにか「人事は他人事」に。効率的に作業をおこなうほうに意識が向いてしまうのです。

給与計算に3日かけていたのが、2日でできるようになった。

メンタルヘルスのアンケートの集計を自動化し、翌日には提出できるようになった。

……それが何だというのでしょうか？

いえ、それが悪いわけではありません。目的を見失ってはいませんか、ということです。スペシャリストであること自体はいいのですが、「何のために」が抜けていれば、結局はどこかに綻びが生じます。何より、人事担当者本人の楽しさややりがいが半減するのではないでしょうか。

同時に、他部署から見て、人事は「他人事」になります。人事部と現場の距離感が遠くなるのです。「現場は仲間意識があるけれど、人事部はちょっと違う人たち」そうなってしまうと、本来の目的を達成させられるべくもありません。

人事を手放せない経営者

人事担当者が作業者になってしまう要因の1つとしてよくあるのが、経営者が人事を手放せていないことです。

経営者の多くは、人事の重要性をわかっています。創業者であれば、創業当時から一緒にやってきたメンバーがいかに支えてくれたかを身に染みて感じていることでしょう。逆に、ミッションに共感していないメンバーを入れてしまったことで痛い目に遭った経験を持つ人もいます。

大切に育ててきた会社に、どのような人材をどのように配置するかは、自分が握っておきたい。

自分の会社なんだから、人材登用には口出ししたい。

そんなふうに思ってしまい、なかなか権限移譲ができないのです。

僕は、そのような経営者に対して苦言を呈してきました。

「経営者が人事を手放せない会社で、成長している会社はほとんどありませんよ」

創業期は、経営者が人事を握っていていいと思うのです。しかし、ある程度規模が大きくなり、ステージが変わったのなら、手放す必要があります。

ステージが変わる＝ビジョンが変わるということです。ミッションの本質は変わらなくても、ビジョンに合わせて表現をリニューアルする必要があるかもしれません。新たなビジョンに向けて、人事も変える必要があります。新しいことにチャレンジするなら、新しい人材、新しい配置が必要だからです。一緒に会社を創ってきた仲間を重要なポジションに置きたい気持ちはわかりますが、そこに固執すると成長への足かせになります。

経営者は、ミッション、ビジョンを明確に伝えたうえで、人事の権限を移譲し、人事部門に活躍してもらうことを考えなければなりません。人事部門は、経営者にとってビジネスパートナーであり、「オペレーション業務をやってくれる部門」ではないのです。

ミッション実現のための「戦略人事」とは

近年注目されるようになっている「戦略人事」とは、経営資源である「ヒト」の価値を最大化するために、経営戦略と連動した組織戦略を立案・実行することをいいます。ＨＲＢＰ（ヒューマンリソースビジネスパートナー）も同じ意味です。経営視点に立って人事の分野から企業の成長をサポートする役割です。まさに、会社のミッション実現のための組織戦略をおこなう人事なのです。

たとえば、駐車場予約アプリ「ａｋｉｐｐａ」を運営しているａｋｉｐｐａ株式会社は、ミッション「〝なくてはならぬ〟をつくる」を掲げ、ここ数年で大きく成長しました。ミッションには、人にとって必要不可欠なものを作りたいという思いが表現されています。「出先で駐車場がなくて困る」という困りごとを解決する駐車場予約アプリがその1つです。

ミッションに共感する人が集まるようになったａｋｉｐｐａは、さらなる成長へ向かって人事制度を新しくすることにしました。組織戦略の柱となるのは、「テックカンパニーへの転換」です。

ミッションを実現するために、会社がどういう状態になっている必要があるのか。ａｋｉｐｐａにとって、それがテックカンパニーです。人、組織、制度をテックカンパニー化するという戦略を立て、人事制度も変えていくわけです。

●ａｋｉｐｐａ　https://akippa.co.jp/

このように、ミッションにひもづいた組織戦略を立案し、実行していくのが戦略人事です。

労務管理や給与計算などのオペレーション業務を中心とした人事は「守りの人事」と呼ばれるのに対し、戦略人事は「攻めの人事」。会社の経営戦略に応じてスピーディーに人材を配置し、組織づくりをおこないます。ミッションドリブンな会社には必須と言えます。

「できない」と言わない人事になる

戦略人事の概念自体は、1990年代にアメリカの経済学者デイブ・ウルリッチが提唱しました。ウルリッチ教授は、人事やリーダーシップ、組織論の第一人者で、アメリカの「最も影響力のある経営思想家50人」にも選出されています。以降、世界の有名企業では戦略人事の導入が進みましたが、日本ではあまりこの考え方が根づいていません。長く「守りの人事」だったので、「攻めの人事」に意識を変えるのが難しいのでしょう。

もちろん、守ることは大事です。社員が安心安全に仕事をできる環境を作り、トラブルを回避することは重要な役割です。しかし、守りだけでは、会社のミッション実現への道のりが遠くなります。守りを重視すると、「現状維持」がいいからです。

現状とりあえずトラブルなくやれているのであれば、それをキープしたくなるのは当然の感覚です。変化しようとすれば、必ず波風が立ちます。声高に反対する人、無言で抵抗する人もいるし、法規制・ルール上できる・できないといった問題にもぶつかるかもしれません。これまで経験したことのない課題に対峙することになります。

第1章でもお話ししたように、ほとんどの人は「変わりたくない」のです。変化するにはエネルギーが必要だからです。たとえ現状に不満を持っていても、グチを言いながら変化しないことを選ぶほうがはるかにラクです。

現状維持でミッションを実現できるのならいいでしょう。しかし、ほとんどの場合はそうでないはずです。ミッション実現のために、変化しなくてはなりません。「守りの人事」から抜け出し、「守りつつ、攻める人事」になるのです。

その一歩となるのが、「できないと言わないこと」です。僕は仕事において、とにかく「できない」と言わない、「どうすればできるのか」を考えようと決めていました。特に人事を責任をもって見るようになってからは、その意識を強くしています。経営者からでも現場からでも、「こういうふうにしたいんだが」と相談を受けたときに、第一声で「それはムリです、できません」とは絶対に言いません。

「変化できません」と言うのはかんたんです。しかし、変化する必要があるから相談されているのです。労働基準法上難しい、オペレーションシステム上難しいなどいろいろあると思いますが、いったんは「わかりました」と言って方法を考える。相談者の意図をくみ取って、実現するにはどうするかを考えるのです。そうすれば、

「不利益変更となるので、社員の同意が必要になります。こういう方法で同意を得て、就業規則を変更しましょう。社労士に相談してスケジュールを組んでみます」

「希望のタイミングでは難しいですが、いついつならできます」

といった話ができるでしょう。単純なことですが、これだけでも「守りつつ、攻める人事」になることができます。

「それはできません」「ちょっと難しいですね」と言う人が圧倒的に多い中で、「できないと言わない人事」は会社の成長を支える存在になるに違いありません。

人事は経営と現場の架け橋

「人事担当者は、経営者と社員の板挟みになるのが辛い」という声を聞くことがあります。

経営者は現場のことを理解せずに無茶ぶりをしてくる。

異動や転勤、場合によってはリストラの話を現場社員にしなくてはならない。

現場から「こうしてほしい」と言われたことを経営者に提案しても通らず、経営者からも現場からも冷たい態度をとられる。

……そりゃあ辛いでしょう。しかし、「板挟み」と思うから辛くなるのです。

本来、人事は「経営と現場の架け橋」です。経営の言葉を翻訳し、現場に落とし込む役目がありま す。ミッションを実現するために、どのような人を採用し、配置し、活躍してもらうかを考え、実行します。そして、現場の課題を発見し、経営戦略にひもづかせながら解決していきます。経営の立場にも現場の立場にも立ち、どちらのこともわかるのが人事です。ですから、ある意味、板挟みは当たり前。それが仕事なのです。

ただし、本来どちら側の立場かといえば、経営側です。あくまでも、会社のミッション実現のために動かなければなりません。

社員が活躍できる環境を整えるのも、社員のためだけではなく、会社のミッション実現のためです。どうしても合わない人がいた場合に、やめていただくのもそうです。経営側の視点でリストラをおこないます（合わないまま仕事を続けるのは本人にとっても不幸ですから、お互いのためにと考えることはできます）。

これを理解していれば、「板挟みで辛い」という感覚は違ってくるはずです。

▼経営者は現場のことを理解せずに無茶ぶりをしてくる

↓それを無茶ぶりでなくさせるのが人事です。

経営と現場の架け橋となって、経営者の言葉を翻訳し、なるべくいい形で現場に落とし込みます。

▼異動や転勤、場合によってはリストラの話を現場社員にしなくてはならない

↓経営戦略に連動して組織戦略を進めていくのが人事です。

会社のミッション実現が一番の目的であり、そのための人員配置をするのは当たり前です。

▼現場から「こうしてほしい」と言われたことを経営者に提案しても通らず、経営者からも現場からも冷たい態度をとられる

↓現場の声も翻訳して届ける必要があります。

会社のミッション実現のために提案することが大事。たとえば、単純に「人が足りないから採用してほしい」では通りません。ミッション実現のために採用する必要があると説明できなければならないのです。

経営者が人事をなかなか手放せず、人事担当者を作業者として考えているような場合も、「会社のミッション実現のために」人事部門としての提案をどんどんすればいいと思います。経営者は会社をよくしたいですから、無下にはしないはずです。

人は論理で納得して感情で動く

人事担当者は、法律や就業規則などのルールを使って人に説明する機会が多いと思います。人事制度を構築する際にも、法的な面をクリアする必要があるのはもちろん、社内ルールを新たに決めるようなこともあるでしょう。ですから通常、人事担当者には論理的な説明ができることが求められます。

経営と現場の架け橋という意味でもそうです。経営者の直感的に聞こえる言葉を、社員が納得できるよう翻訳し、論理的に説明する必要がある場合も少なくありません。

ただ、論理的に正しい制度を作り、説明ができたとしても、運用できなければ意味がありません。

「人事制度は設計3割、運用7割」

という話を僕はよくします。素晴らしい制度を構築しても、それでまだ3割。もっと大事なのが運用であり、その制度がうまくいくかどうかは運用が7割握っているということです。

制度を運用するのは人です。感情を無視してはうまくいきません。

人事に限ったことではありませんが、人は論理で納得して感情で動くものです。論理的に筋が通っているからいいわけではなく、相手の感情に配慮することが大事です。

「あなたの部署に、新しくマネージャーAさんが入ることになりました。Aさんはこの事業の経験が豊富で、話題になったX社のヒット商品を仕掛けたのがAさんです。あなたの部署は経営戦略上こういう局面なので、Aさんを迎えて一丸となって頑張ってもらいたいと思っています」

それを聞いたBさんは、一応納得はするけれどモヤモヤ。Bさんは、自分がマネージャーとしてチームを率いていくのだと思っていたからです。「なるほど、Aさんは適任だろう」と思う反面、「突然やってきて何なんだ」という感情が頭をもたげます。正直言って、モチベーションはガクンと下がりました。少しでも気に入らないことがあれば、Aさんの悪口を言ってしまうかもしれません……。会社のミッションに即していて、論理的に正しくても、感情として難しいことはよくあるのです。それを無視していては、ミッションの実現も遠くなります。

経営側の立場で社員に何か説明をするとき、社員の感情を想像しながら、最大限心を込めることが必要です。当たり前のことに感じるかもしれませんが、論理と感情のどちらにも心を配るべきということを、人事担当者はあらためて心に刻んでおきたいところです。

COLUMN

コンサルタントもミッションに巻き込む

本書では、「人を活かす仕組みづくり」として、おもに採用から評価まで人事に関する内容をお伝えしてきました。ミッション策定は社内でやるとして、その後の組織づくりや評価制度づくり、研修プログラム作成などやるべきことは多岐に渡るため、外部の人事コンサルタントに依頼すればラクに進められるのではと感じるかもしれません。たしかに、人事コンサルタントなら、専門的な知識と経験をもってプランを作成してくれるでしょう。

ただ、残念ながら「コンサルタントに頼んで失敗した」という声を聞くことが多くあります。それなりのフィーを払ったのに、思うような成果が出なかったというのです。出るのは「あのコンサルタントはよくなかった」という文句。しかし、よく聞いてみると問題はそのコンサルタントときちんとコミュニケーションが取れていないことにあるようです。

「専門家なのだからわかるはずだ」

そんな思い込みがあるのか、伝えることを怠ってしまうのです。社外の人にそこまで言っても……と遠慮もあるのかもしれません。これは人事コンサルタントに限らず、人材紹介のエージェントやPR会社なども同じです。

彼らには、たしかに知識もスキルもあります。クライアントに喜んでもらいたいと思っています。ところが、「外部の専門家」だからとミッションの外に置いてしまうことで、うまくいかなくなるのです。蚊帳の外の人が、会社のことを理解して最高のプランを提案できるわけがありません。

外部の人間も、ミッションに巻き込むことが大事なのです。そして、社員と同様、気持ちよく働いてもらうことです。社員にはコミュニケーションと評価を通じてモチベートするのに、コンサルタントに対しては値切るというのでは、うまくいかなくて当然です。大変なときは交渉すればいいのですが、「定価の20%オフでも頑張りたい」と思えるようなコミュニケーションをするべきでしょう。

「あのコンサルタントはダメだった」という人は、別のコンサルタントに変えても同じ結果になります（本当にハズレの場合もあるかもしれないので、採用の話と同様、契約前に見極めることも大事ですが）。

社外の専門家も、ミッションドリブンの文脈で「いかに活かすか」です。ミッション実現のために、社内のリソースで足りないところを担ってもらいたいのではないでしょうか。

「何のためにその人に依頼するのか？」

それを十分考えたうえで、仲間になってもらうことが重要なのです。

おわりに

なんのために働くのか?

「ミッションを起点に、人を活かす仕組みをつくる」

さまざまな企業を見てきた中で、僕はこれこそが成功の鍵だと思っています。組織を構成する人たちが1つの方向に向かって力を出し合えば、驚くような成果につながります。現実的に論理的に考えた結果をぶっ飛ばし、当初は「ありえない」とみんなが言った未来だって現実にすることができるのです。しかも、これにはお金がかかりません。ミッションを言葉にして浸透させ、人事制度などの仕組みを作るだけです。

本来とてもシンプルなのですが、組織が大きくなるほどに複雑化し、力が分散されてしまっています。企業にとっても、働く人にとっても、もったいない状況です。少しでも心当たりがあるなら、今すぐ取り組んでほしい。やらない手はありません。

「無理」と決めつけたら何も変わらない

「言っていることはわかるが、理想論だ」

そう言う人もいます。少なくとも「理想」だと思ってくれているわけです。「だけど、実際は難しいよね」ということでしょうが、難しいかどうか判断するのはやってみてからでもいいと思います。

理想と現実の間にどうしても超えられない壁があるとわかったら、その壁を考慮に入れて理想を再検討すればいい。最初から無理と決めつけることはありません。多少の時間と頭は使いますが、莫大な投資をするわけでもないのです。「リスクはない」と言っていいでしょう。

そもそも、現実的なことばかり言っていて、楽しく仕事ができるでしょうか。世界をより良くする夢を描き、チャレンジすることを考えたほうが楽しくないですか?

いつだって、世界を変えた人たちは大きな夢を描いていました。グラハム・ベルは遠く離れた人に声を届けたいという夢を持って電話の発明に成功しましたし、ライト兄弟は人類が空を飛ぶ夢を持って有人飛行をはじめて成功させました。

「言いたいことはわかるけど無理だよね」

そう言っていたら、絶対に無理なのです。

僕は、夢を当たり前のように語れる世界になったらいいなと思っています。

夢を持ってチャレンジしていく

じつは、僕は学生時代から「経営参謀になりたい」という夢を持っていました。父親が小さいながらも会社を経営しており、経営者の苦労を間近で見ていたことが大きいと思います。父親は、夢を持っているのに、うまく実現できていませんでした。小さい頃は、怒鳴ってばかりいるイヤな親父だと思っていましたが、高校生になって自分もアルバイトをするようになると商売について少しはわかるようになり、経営者としての父親を尊敬するようになりました。ところが18歳頃、父親の会社は倒産。一時は羽振りがよかったのを見ていたので、ビジネスの難しさをより痛感しました。

「僕は、夢を持った経営者のサポートをする人になりたい。経営者が心に持つミッションを言葉に紡ぎ、『それなら、こうやっていけばできそうですね』と一緒にビジョンとそこに至る道を描ける人になりたい」

そう思ったのです。

そして、僕なりに戦略を立てました。大学でマーケティングを学び、大企業に入社して数年経験を積んだあと、大学院でMBAを取得。その後、苦手分野だったITを克服するため、IT系のコンサルティングファームに行きました。経営に関することを何でも学ぼうと思ったのです。まわりの人から「何でも屋じゃん」と言われたこともありましたが、「究極の何でも屋になってやろう」という意気込みでした。性格的にまっすぐで空気を読まないところがあり、上司に叱られたことはしょっちゅうでした。その後、別の外資系コンサルティングファームで複数の会社の事業再生などに携わり、住宅建材系企業の組織改革、ベンチャー企業の経営企画などを複数経験しました。そしてトリドールの

CHROを経て、いまに至ります。

たくさんの失敗もしながら、自分の夢に向かって愚直にやってきて現在があります。だいたい3年くらいの周期で環境を変えているので、こらえ性がないように見えるかもしれませんが、これも自分のミッションに沿った働き方です。「蔦本さんって楽しそうですね」よくそう言われます。

僕自身のミッション、それは1人でも多くの社員が会社の夢に賛同し、その実現に向かい笑顔で働いている会社を増やしていくこと。

ミッションを軸に自分で考え行動する、自律した個の集合体(=組織)を増やしていくこと。

そのために、大きな夢を持った経営者の参謀として、人を活かす「ミッションドリブンな会社」を増やしていくこと。


このミッションに沿って、さまざまなチャレンジをしているときが楽しいのです。

本書では会社のミッションの話をしてきましたが、1人1人にもミッションがあるはずです。いまはよくわからないという人は、ミッションのある会社で活躍するうち、次第にはっきりしてくるかもしれません。妄想と言われてもいいので、夢を持ってさまざまなことにチャレンジしていけるといいなと思います。


最後に、お世話になった皆様に感謝申し上げます。

僕のキャリアにおいて重要なきっかけをいただいたトリドールの皆様。

人生の師であり、この本のきっかけをいただいた、ＩＳＥＮＳＥ株式会社　代表取締役の岡田章二さん。

出版の機会をいただいた編集者の傳　智之さん。

構成を手伝っていただいた小川晶子さん。

僕のキャリアを支えてくれている家族。

そして最後までお読みいただいた読者の皆様。


ありがとうございました。

●――――著者紹介

鳶本真章（とびもと まさあき）

1983年大阪生まれ。関西学院大学卒業後、大手自動車メーカーに入社。

マーケティング領域に従事した後、京都大学大学院でのMBA取得を経て、大手外資系コンサルティングファームへ。

多様な経営戦略案件にコンサルタントとして携わった後、大手日系建材メーカーで社内コンサルティング部門を担当。

その後、複数のベンチャー企業での経営支援を経て2018年にトリドールホールディングス入社し、トリドールホールディングスグループ全体の組織・人事戦略をリード。2019年より、執行役員CHRO 兼 経営戦略本部長に就任。人材の採用・育成を通じたグループの成長にコミット。

“ヒトが変える、ヒトを変える”をモットーに、経営と人事をつなぎ、企業変革をより社会に波及させるために合同会社IDEAL Artsを設立し代表社員／CEOに就任（現任）。2022年より株式会社いつも 取締役 経営戦略本部長に就任。

問い合わせ先：info@ideal-arts.co.jp
ホームページ https://www.evem-management.com/
Twitter https://twitter.com/meiku_shiba
note https://note.com/nagam

最高の働きがいの創り方

三村真宗

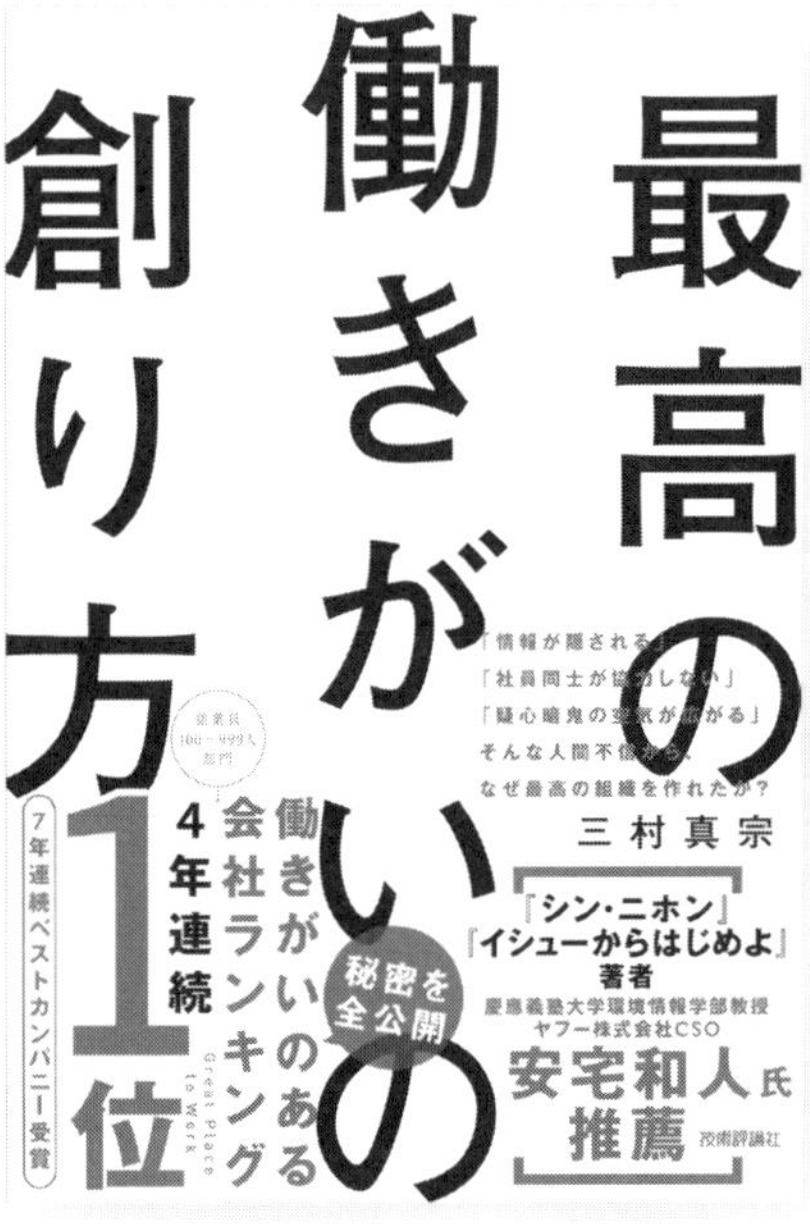

「情報が隠される」「社員同士が協力しない」「疑心暗鬼の空気が広がる」そんな人間不信から，Great Place to Work（働きがいのある会社）ランキング1位（従業員100〜999人部門），4年連続ベストカンパニーを受賞するまでに至った，その秘密とは？

SAP，マッキンゼーを経て，コンカーの社長として年平均成長率86%という飛躍を実現してきた著者が，その成果を支える文化・仕組み・制度の裏側を初公開。

四六判／320ページ／定価1,958円（本体1,780円+税10%）
ISBN 978-4-297-10039-1

●ブックデザイン　遠藤陽一（design workshop jin）
●DTP・作図　白石知美（システムタンク）
●編集協力　小川晶子
●編集　傅 智之

◉お問い合わせについて
本書に関するご質問は、FAX、書面、下記のWebサイトの質問用フォームでお願いいたします。
電話での直接のお問い合わせにはお答えできません。あらかじめご了承ください。
ご質問の際には以下を明記してください。

・書籍名
・該当ページ
・返信先（メールアドレス）

ご質問の際に記載いただいた個人情報は質問の返答以外の目的には使用いたしません。
お送りいただいたご質問には、できる限り迅速にお答えするよう努力しておりますが、お時間をいただくこともございます。
なお、ご質問は本書に記載されている内容に関するもののみとさせていただきます。

［問い合わせ先］
〒 162-0846
東京都新宿区市谷左内町21-13
株式会社技術評論社　書籍編集部
「ミッションドリブン・マネジメント」係
FAX：03-3513-6183
Web：https://gihyo.jp/book/2023/978-4-297-13247-7

ミッションドリブン・マネジメント
〜「なんのため？」から人《ひと》を活《い》かす〜

2023年2月7日　初版　第1刷発行

著者　鳶本《とびもと》真章《まさあき》
発行者　片岡巌
発行所　株式会社技術評論社
東京都新宿区市谷左内町21-13
電話　03-3513-6150　販売促進部
03-3513-6166　書籍編集部
印刷・製本　日経印刷株式会社

定価はカバーに表示してあります。

ISBN978-4-297-13247-7　C0034
Printed in Japan